龍とドラゴンの文化史

世界の切手と龍のはなし

内藤陽介

えにし書房

はじめに

西暦二〇二四年二月十日から甲辰年が始まる。

わが国では、明治五年十一月九日（一八七二年十二月九日）に太陽暦が採用され、明治五年十二月二日（一八七二年十二月三十一日）の翌日を明治六（一八七三）年一月一日とし、以後、太陽暦が定着したため、太陽暦の元日をもって干支も切り替わる、と考えている人が大半だろう。

しかし、十干十二支を用いて六十年周期で年を数えたり、記録したりする紀年法は、旧暦（太陰暦）と連動したものだから、干支が改まるのは旧暦の元日、すなわち、西暦二〇二四年の場合は二月九日までは癸卯年で、旧暦の元日にあたる二月十日以降を甲辰年とするのが本来のあり方である。

最近、〝保守〟を標榜する一部の人が、インターネット上などで、中国の習慣である春節を日本国内で祝うのはけしからんなどと話すのをしばしば目にするが、もともと、中国大陸に由来する暦法を用いていた地域や、世界各地の華人コミュニティ（が存在する地域）では、現在でも伝統行事は旧暦で行うのが一般的で、むしろ、旧暦の行事を完全に太陽暦の日付に固定してしまった日本が、東アジアではかなり異質な事例であることは自覚しておいた方が良い。

ところで、子、丑、寅…の十二支は、もともとは単純に順序を表す記号で動物とは無関係だったが、「人々が暦を覚えやすくするために、同音の字の身近な動物を割り当てた」と後漢時代の王充の『論衡』では説明されている。

これを根拠として、わが国でも、干支を動物と結びつけるのは俗説として忌避する〝知識人〟は少なくなかった。

たとえば、逓信博物館の館長として戦前日本の切手制作に大きな影響力をもっていた樋畑雪湖は、昭和十二（一九三七）年用の年賀切手の題材に話題が及んだ際、「干支なんてつまらないもので、暦の上で、日本の制度としてあるもので、それだけのものであんなものは止めて了つた方がいゝと思ひますね」と述べている。また、終戦後まもない昭和二十六（一九五一）年用のお年玉はがきの末等賞品に〝干支切手〟を発行するという企画が持ち上がった際にも、三井高陽をはじめ、郵政審議会の専門委員のなかには〝迷信に類するもの〟として反対論が強く、当時の郵政省は対応に苦慮した。

中国大陸でも、毛沢東の時代、特に文化大革命の十年間は、干支を迷信として排撃する風潮があった。ちなみに、中国で干支を題材とした年賀切手が最初に発行されたのは、鄧小平時代の一九八〇年のことである。

しかし、どれほど〝知識人〟たちが非難しようとも、東アジアの多くの地域では、圧倒的多数の善男善女が干支と動物を結び付けてきた／いるのが事実で、それゆえ、干支の話題は社会問題にまで発展することさえある。

図1 "憤怒龍"と呼ばれた2012年用の中国の年賀切手

たとえば、十二年前の辰年にあたる二〇一二年一月五日に中国が発行した年賀切手（図1）について、発行日当日にＢＢＣが現地で取材したところ、利用者の間では「（龍の顔が）怒っているようだ」、「凶悪で怖すぎる」と不評の声が多く、そこから論争が起きたことがある。

この年賀切手の図案については、郵政当局が「歴史と現代の見事な結合」と主張したほか、原画作者の陳紹華も「龍は災厄を打ち消し、幸福と平和をもたらすので、強く威厳のあるデザインにした」と説明した。ここでいう〝歴史との融合〟とは、中華皇帝を象徴する五本爪の龍に、同じく皇帝を象徴する黄色を組み合わせたという点を指しているようだ。ただし、BBCも指摘しているように、この切手と同じような構図の龍を描いた清代の切手（詳細は本書11頁、22―24頁）に描かれた龍の表情は、この切手と比べてかなり穏やかである。

また、BBCのサイトでは、作家・章詒和の中国版ツイッター・新浪微博での批判に加えて、中国共産党機関紙『人民日報』元高級編集で、中国新聞攝影学会学術部副主任の許林の批判も紹介しているが、それによると、許は「対外的に強さをアピールするのは道理があるとはいえ、この切手はほとんど国内で使用されるのだから、こういう〝兇神悪煞〟のデザインはいかがなものか」と持論を展開している。

このエピソードは、干支の動物、なかでも空想上の産物である龍について、中国人の関心の高さをうかがわせるものである。

なお、二〇二四年十一月二十九日から十二月三日まで、中華人民共和国建国七十五年の記念行事として上海で開催予定のアジア国際切手展〈China 2024〉でも、干支にちなんだ〝龍〟の切手の特別展示が行われることになっており、現在の中国でも干支の龍が人々の注目を集めるコンテンツの一つとみなされていることがわかる。

十二支において龍と結びつけられた〝辰〟の字は、本来は二枚貝が足を出しているさまや、土地を耕す農具を表す象形文字で、古代中国ではハマグリの貝殻を加工して農具を作ることがあったことに由来する。また、漢書『律暦志』には、〝辰〟は〝振（ふるう、ゆれる、ととのう）〟と同義で、蠕動しながら草木の形が整っていく状態を表すとの記述があり、当初は龍とは無関係のものだった。

しかし、王充の時代にはすでに辰を龍とする俗説が定着しており、近代日本が生んだ碩学、南方熊楠の『十二支考』には、〝辰〟について「長二十丈ばかりなる大蛇、橋の上に横たはつて伏したり、両の眼は輝いて、天に二つの日を掛けたるがごとし、双ならべる角の尖するどにして、冬枯れの森の梢に異ならず、鉄の牙上下に生ひ差ちごふて、紅の舌炎を吐くかと怪しまる」との記述もある。

　中華世界における〝龍〟の起源は、一九八七年に河南省で数千年前の龍の像が発見されたことから、紀元前五〇〇〇年紀の仰韶文化まで遡ると考えられている。その発端としては、クジラや恐龍などの大型動物の骨や化石（ちなみに、古代中国では、恐龍の骨が発見されると〝龍骨〟として記録され、漢方薬の原料にもされた）や、ワニやオオトカゲなどの大型爬虫類の生態、蛇などに対する人間の本能的な恐怖心などから、雨水を司る龍のイメージが生まれたのではないかと推定されている。

　また、古代インド神話に登場する〝ナーガ〟が、仏教を介して中華世界に伝わった際に〝龍〟ないしは〝龍王〟と漢訳され、八部衆の一として組み込まれた。これが、中国に古くから伝わる龍のイメージと習合し、龍王は地上に雨をもたらす水神として信仰の対象となった。ただし、古い時代には、水神としての龍王は、玉皇大帝など地位の高い神の支配下で、その命令に従って雨を降らせる存在とされていたようだ。

図２　女媧が泥をこねて人類の祖をつくったとされる場面を描いた台湾の切手

　古代中国の伝説上の八人の帝王、〝三皇五帝〟の三皇の一人とされる〝伏羲〟は兄妹または夫婦と目される女媧とともに龍身人首ないしは蛇身人首の姿で描かれることがある（図2）ほか、『山海経』では、五帝の一人とされる黄帝の子孫が住む〝軒轅国〟の民は人面龍身ないしは人面蛇身で描かれるなど、中華皇帝と龍を結び付ける発想は古くからあった。

　ただし、五本爪の龍が皇帝の象徴として正式に定められたのは、元代の一三三六年のことで、中国史の中ではそれほど古いことではない。ただ龍文は、一般庶民にも人気があったために完全に禁止することはできず、下級官吏や一般大衆は三本爪の龍を愛用していた。

　こうして、中華世界における龍のイメージが固まっていったが、それらは周辺地域に伝播していく過程でさまざまな要素が付与されて、各々の文化に組み込まれ、独自の発展を遂げることになる。

また、漢字で〝龍〟と表現される動物は、英語ではdragon（ドラゴン）と訳されるが、西欧世界のドラゴンと東アジアの〝龍〟とは全く異なる存在である。ただし、ドラゴンもまた想像上の産物であるがゆえに、時代や地域によってさまざまな姿で表現されているから、ドラゴンのイメージや造形から背景にある歴史的・社会的事情を読み解いていくと、なかなか興味深い物語が見えてくる。

ところで、龍とドラゴンに関しては膨大な量の資料が存在しているが、本書では主に切手を手掛かりとして、そこに描かれている龍の意味や、そうした龍またはドラゴンの切手が世に出た背景などを読み解いてみたいと考えている。

日本の郵便事業は株式会社化（一般には〝民営化〟といわれることが多い）されたが、歴史的に見ると（現在でも多くの国では）郵便事業は〝公営〟で、切手は国家の名において発行されてきたから、そこには、発行国の政治的主張や歴史観が反映されることが多い。たとえば多くの国は、戦時には国民の戦意昂揚を目的とした切手を発行するし、オリンピックなどの国家的行事に際しては記念切手が発行される。明治の元勲・伊藤博文を暗殺した安重根が韓国では〝義士〟として切手に取り上げられているように、切手を通じて自国の歴史観を拡散しようとする国もある。

また、政治プロパガンダとは別に、その国を代表する風景や文化遺産、動植物を描く切手は盛んに発行されており、そうした切手が郵便物に貼られて全世界を流通することによって、人々はその国の片鱗に触れることができる。

一方、切手に押された消印の地名からは、切手の使用地域を特定することが可能となるし、印刷物としての切手の品質は、発行国の技術的・経済的水準をはかる指標となるほか、郵便料金の推移は物価の変遷と密接にリンクしている。こうした切手から得られた情報もまた、その国の実情を我々に伝えるメディアとなっている。

しかも、切手を用いる郵便制度は、十九世紀半ば以降、世界中のほぼすべての地域で行われているから、各時代の各国・各地域の切手や郵便物を横断的に比較すれば、各国の国力や政治姿勢などを相対化して理解することができる。

このように、切手や郵便物を手掛かりに国家や社会、時代や地域のあり方を読み解いていこうというのが、筆者の考える〝郵便学〟なのだが、本書ではその手法を使って、龍とドラゴン、そして切手が結びつくことで生まれた物語の数々をご紹介していきたい。

龍とドラゴンの文化史〈目次〉

第1章　大龍・小龍・蟠《ばん》龍（中国）

龍を描いた世界で最初の切手

龍を描いた世界で最初の切手は、一八六五年に上海書信館が発行した〝大龍切手（図1。以下、上海書信館大龍票。ここでいう票は郵票、すなわち郵便切手のこと）〟である。

一七五七年、清朝は西洋人相手の貿易を廣州一港に限定し、中国側の特許商人、行商が対外貿易を一手に引き受ける公行制度がスタートする。

この制度の下では、清朝は英国東インド会社（以下、東インド会社）をはじめ、限られた外国の商人に恩恵として通商を認めるというのが建前で、西洋人たち、なかでも東インド会社は熱心に茶を買い付けた。それゆえ、対清貿易の拡大に伴い、中国からの茶の輸入量は激増し、英国の貿易赤字は膨らんだ。

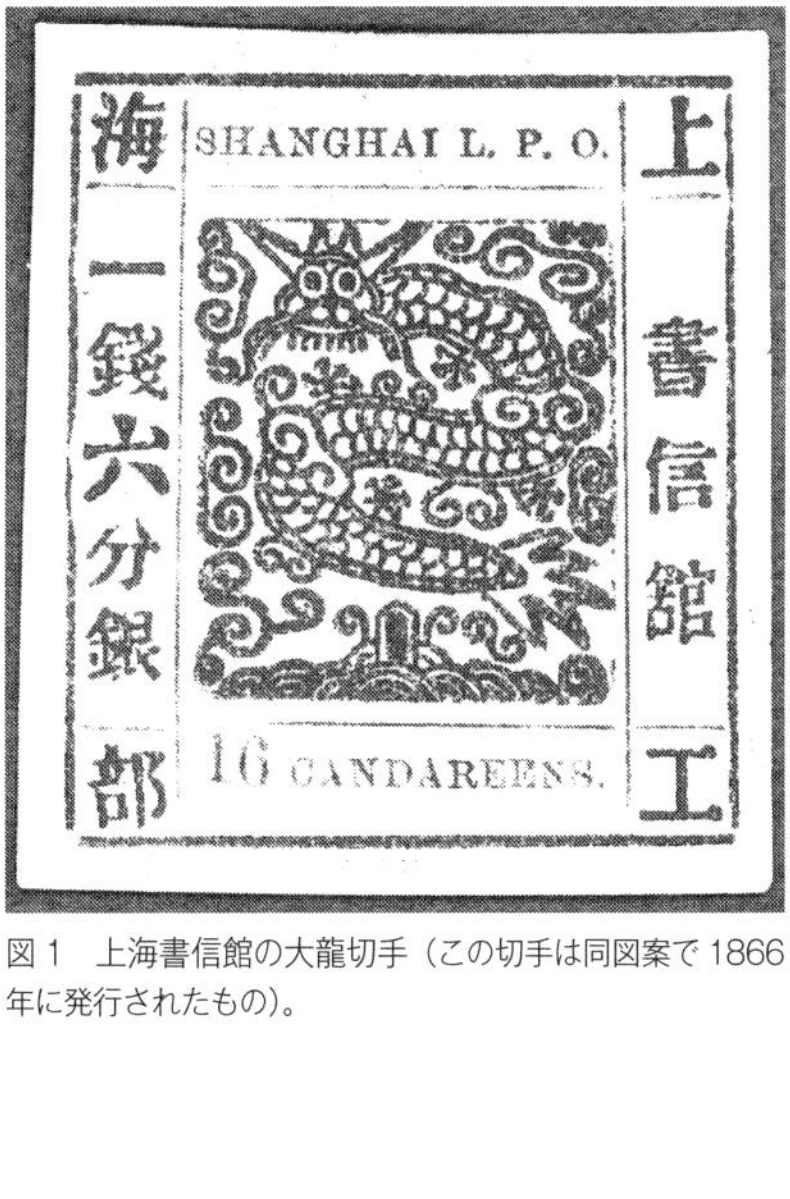

図１　上海書信館の大龍切手（この切手は同図案で 1866 年に発行されたもの）。

一方、インド・東南アジアと清朝との貿易を担っていた地方商人たちは、中部インドのマルワ産アヘンを中国に持ち込んで銀と交換していたため、アヘン吸引の習慣は沿岸部で急速に拡散。清朝は早くも一七二九年にアヘン禁止令を発したが、アヘンの密輸は止まず、一七七三年には東インド会社がアヘンの吸引を勝手に

〝公認〟。さらに、ベンガル産のアヘンの生産拡大に乗り出し、マルワ産アヘンとともに会社の専売として、地方貿易商人に販売していた。

こうして、英国は中国から茶を買い、その代金をインドのアヘンで支払う、英・中・印の三角貿易体制が構築され、一八二〇年代には中国の銀が英国へ流れ始めた。

交易の拡大に伴い、一八三四年、英国は〝収信所〟をマカオと廣州に開設し、本国やインドとの文書通信の取り扱いを開始した。後に列強諸国は中国各地に進出の拠点として郵便局（客郵）を開設していくが、この収信所がそのルーツになる（図2）。

一八三〇年代になると、産業革命を経た英国では綿業資本家が政治的発言力を強め、国家による貿易の統制を最小限にする〝自由貿易〟を強く要求。彼らは一八一三年に東インド会社による英印貿易の独占を廃止させていたが、一八三三年には東インド会社による対清貿易の独占の撤廃にも成功した。

時あたかも一八三二年、廣州でアヘン商人のウィリアム・ジャーディンとジェームズ・マセソンによる

図2　1835 年、廣州からマカオ宛の郵便物で、マカオ到着時に収信所で料金を徴収したことを示す “Boat Office/ 10 cents/ Macao” の印が押されている。

図3　林則徐を描いた禁煙節の記念切手。ここでいう“禁煙”とは、アヘンの禁止の意味で、日本後の禁煙とは少し違う。

ジャーディン・マセソン商会が設立され、アヘン貿易の自由を求める急先鋒になっていた。

東インド会社による対清貿易の独占が撤廃されると、英国政府は対清貿易を監視するため、ウィリアム・ネーピアを貿易監督官として廣州に派遣。ジャーディンに煽られたネーピアは廣州に軍艦を呼び寄せて威嚇する砲艦外交を展開したが、清朝側の反発を招いただけに終わり、廣州到着からわずか三ヵ月後に憤死してしまう。するとジャーディンらは「ネーピアの死を無駄にするな」という大義名分を掲げて世論を煽った。

これに対して一八三八年、清朝は林則徐（図3）を欽差大臣（特定の事柄について、皇帝の全権委任を得て対処する臨時の官・欽差官のうち、身分が三品以上の者）に任命。一八三九年三月、廣州に赴任した林は、まず、中国人への取り締りを強化し、武力で商館を閉鎖した。さらに、英国商人には、アヘンを持ち込まない旨の誓約書の提出を要求し、二万二千箱のアヘン（一四〇〇トン）を没収し、同年六月、廃棄処分とした。

英国の貿易監督官、チャールズ・エリオットが抗議のため、在留英国人全員を率いてマカオへ移動すると、林は英国人にマカオからの退去を命令。緊張が高まる中、一八三九年七月、泥酔した英国人水夫たちが中国人を殺害する事件が発生し、英国側が犯人の引き渡し要求を拒否すると、林は商船への食糧供給を断ち、マカオを武力で閉鎖した。

アヘン密輸の是非はともかく、少なからぬ英国人が居住地を追われて窮地に陥っていたことから、英国内では「同胞を救え」という世論が沸騰。一八四〇年二月、メルボーン内閣は開戦を閣議決定し、アヘン戦争が勃発する。

ところで、一八四〇年という年は、アヘン戦争勃発の年であると同時に、英国で世界最初の切手〝ペニー・ブラック〟が発行された年でもあった。

英国ではローランド・ヒルの提案により、受取人払いで、便箋の枚数と距離制によって複雑に計算されていた従来の料金体系を全国均一の重量制とし、料金の支払方法も差出人が支払う前納制に変えるなど、合理化・単純化を骨子とした郵便改革を提案。これを受けて、一八四〇年一月十日、二分の一オンス以下の書状の基本料金を全国一律一ペニーとする一ペニー郵便がスタートした。そして同年五月。新たな郵便制度の料金前納の証紙として世界最初の切手〝ペニー・ブラック〟が発行された。これと併せて、一ペニーの郵便料金込みで販売され、切手を貼らなくてもそのまま差し出せる〝マルレディ・カバー〟と呼ばれる封筒（図４）も発行された。

マルレディ・カバーのイラストは、大英帝国を示す女神ブリタニアを中心に、世界各地の風俗を描き、英国発祥の近代郵便制度が全世界の人々を結びつける情報ネットワークとなるという意気込みを表現していたが、ブリタニアの左側には辮髪の中国人が描かれているのも興味深い。なお英国政府は、ペニー・ブラックよりもマルレディ・カバーの方が売れるだろうと予想したが、実際にはマルレディ・カバーは不評で売れ行きは芳しくなかった。そこで、このカバーを模したさまざまなパロディ封筒が作られ（図５、６）、その中に

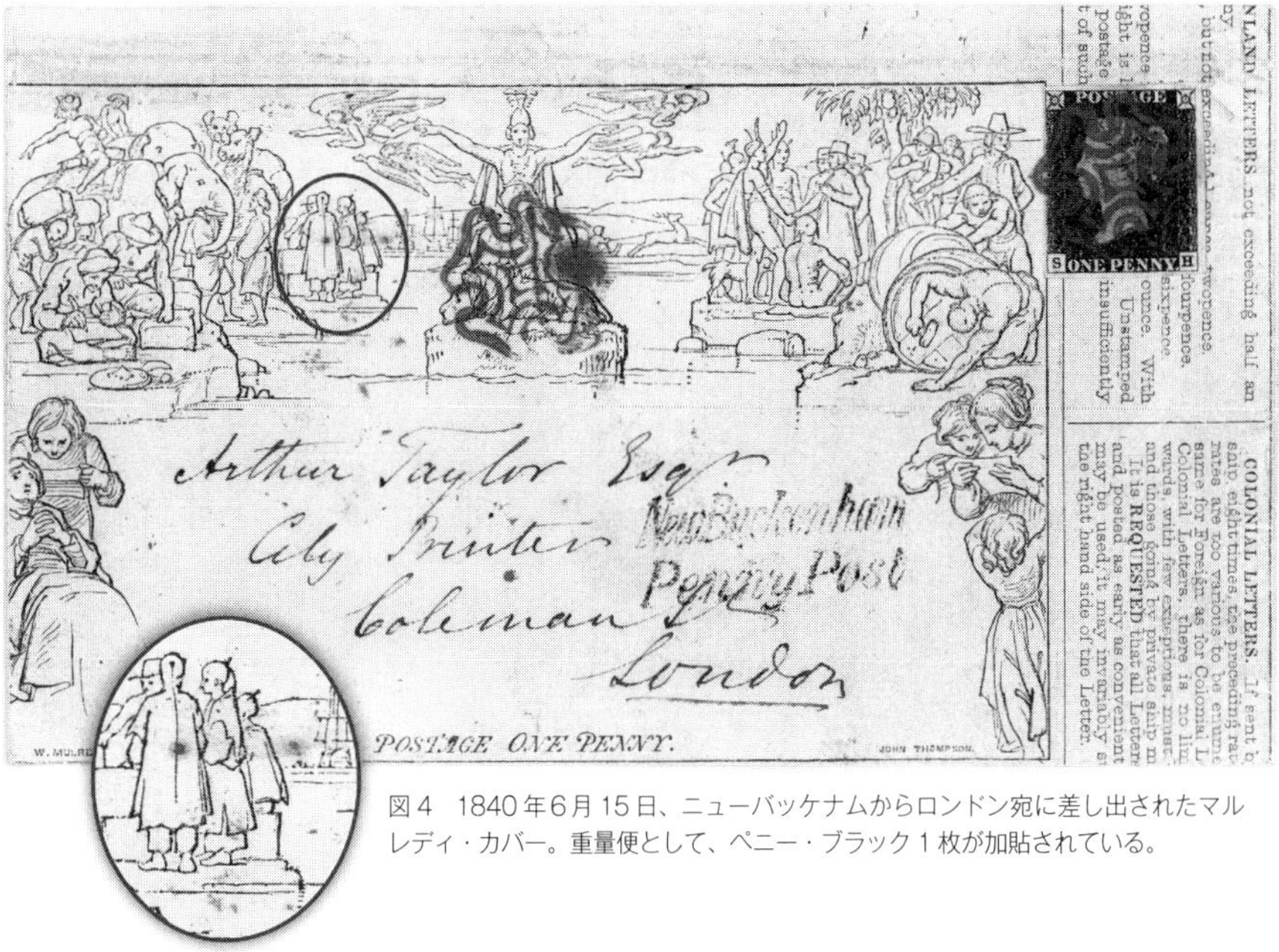

図４　1840 年6月 15 日、ニューバッケナムからロンドン宛に差し出されたマルレディ・カバー。重量便として、ペニー・ブラック１枚が加貼されている。

図５　マルレディ・カバーを模してつくられたパロディ封筒のうち、茶の樽を背にした辮髪姿の中国商人や、中国のジャンクを攻撃する英国船（アヘン戦争の戦闘場面のイメージか）が描かれた１枚。

図６　同じく、マルレディ・カバーのパロディ封筒のうち、辮髪姿の中国人に追い立てられるアヘン商人の姿が描かれた１枚。

は辮髪の中国人が描かれたものもある。

さて、アヘン戦争は英国の勝利に終わり、一八四二年八月、講和条約として〝江寧条約（南京条約）〟が結ばれ、

①香港島の割譲（図7）
②廣州・廈門・福州・寧波・上海の開港
③賠償金の支払い（没収アヘンの代金としてメキシコ銀で六百万ドル、公行負債三百万ドル、遠征費用千二百万ドルなど）
④公行商人による貿易独占の廃止

などが決められた。

その後、南京条約で開港された五ヵ所に加えて、一八五八年には日本の開港に伴い、箱館（函館）、兵庫（神戸）、長崎、新潟、横浜が、一八六〇年にはアロー戦争の結果として、牛荘、芝罘、漢口、九江、鎮江、台湾府、淡水、汕頭、瓊州、南京、天津が開港し、各種条約に基づく開港地は二十一ヵ所にまで膨らむとともに、各開港地には、かつての収信所の流れを汲む英国の郵便局が開設された。

もともと、中国大陸では政府の公用便を運ぶ郵驛（駅

図7　英国による香港統治が始まって間もない 1843 年に香港からアイルランドのベルファスト宛に差し出された郵便物で、右上にはライオンとユニコーンを描く英国の国章と香港郵便局（HONG KONG POST OFFICE）の文字が入った現地製の印が押されている。

站とも。公的機関の委託を受けて公文書のみを馬車などで配送した）や、地方の官公署の文書を運ぶ文報局、民間の飛脚に相当する民信（日本の飛脚よりも相当に規模が大きく、シンガポール、マレー、ジャワにまで及ぶ通信網を完備していた業者もあった）などがあったが、そこに新たに列強諸国が開港地に郵便局を開設して、外国宛の郵便を取り扱うことになったわけだ。

開港地の外国郵便局（当初は英国局のみ）は、一八五八年五月一日以降、利用者に郵便料金の前納を義務づけた。さらに、一八六二年には英領香港で最初の切手が発行されたこともあって（図８）、一八六四年十月十五日以降、開港地からの郵便料金納付には香港切手が用いられることになった。

図８　英領香港最初の切手

ところで、開港地から差し出される郵便物は、一八五八年五月以前は大半が着払いで、経由地の香港郵便局で料金などのチェックを受けるシステムになっていた。この慣習は、一八六四年に郵便料金納付のために香港切手が使用されるようになった後も廃されず、当面の間、郵便物への消印は香港で行われていたが、これを悪用して、香港へ郵便物を運ぶ途中で中国人の係員が郵便物に貼られている切手（この段階では消印は押されていない）を剥ぎ取り、換金する例が後を絶たなかった。

そこで、一八六五年十一月、香港郵政局は本国に対して、厦門、廣州、福州、寧波、上海、汕頭、横浜、長崎の各局に対しても、香港同様、抹消印（切手の再使用を防ぐための郵便印）と証示印（郵便物を取り扱った郵便局名・日付などを示すための郵便印）を支給するよう要請した。郵便物を引き受けた時点で、切手に抹消印を押して切手の〝横領〟を防ぐとともに、逓送途中で切手が脱落しても、引受時には切手が貼られていたことを示すためである。

こうして、一八六六年二月十七日、ロンドンの中央郵便局は、開港地の各局に抹消印と日付印を支給することを決定した。その際、各局に割り当てられたコード番号は、たとえば、厦門がA１、廣州がC１、福州がF１、寧波がN１、上海がS１、汕頭がS２、横浜がY１、長崎がN２、であった（図９）。

その後、一八六九年からは神戸、一八七五年からは漢口、一八七九年からは瓊州、一八八九年からは台湾の安平、一八九九年からは威海衛（劉公島と愛徳華港）、一九〇三年からは芝罘など、香港切手を使う開港地の郵便局が増加し、一八八二年から一八八五年にかけては、遠くタイのバンコクに設けられた英国郵便局でも香港切手が用いられた（図10）。

このように、香港を中心とする極東の通信ネットワーク網を着々と構築していった英国だったが、一八六〇年代も半ばになると、フランスや上海書信館の台頭により、その独占体制は次第に揺らぎはじめる。

一八四二年の開港以来、列強諸国の居留地がつくられていた上海では、早くも一八四五年、英仏が租界（外国人が行政・警察機構を握り、中国の主権が及

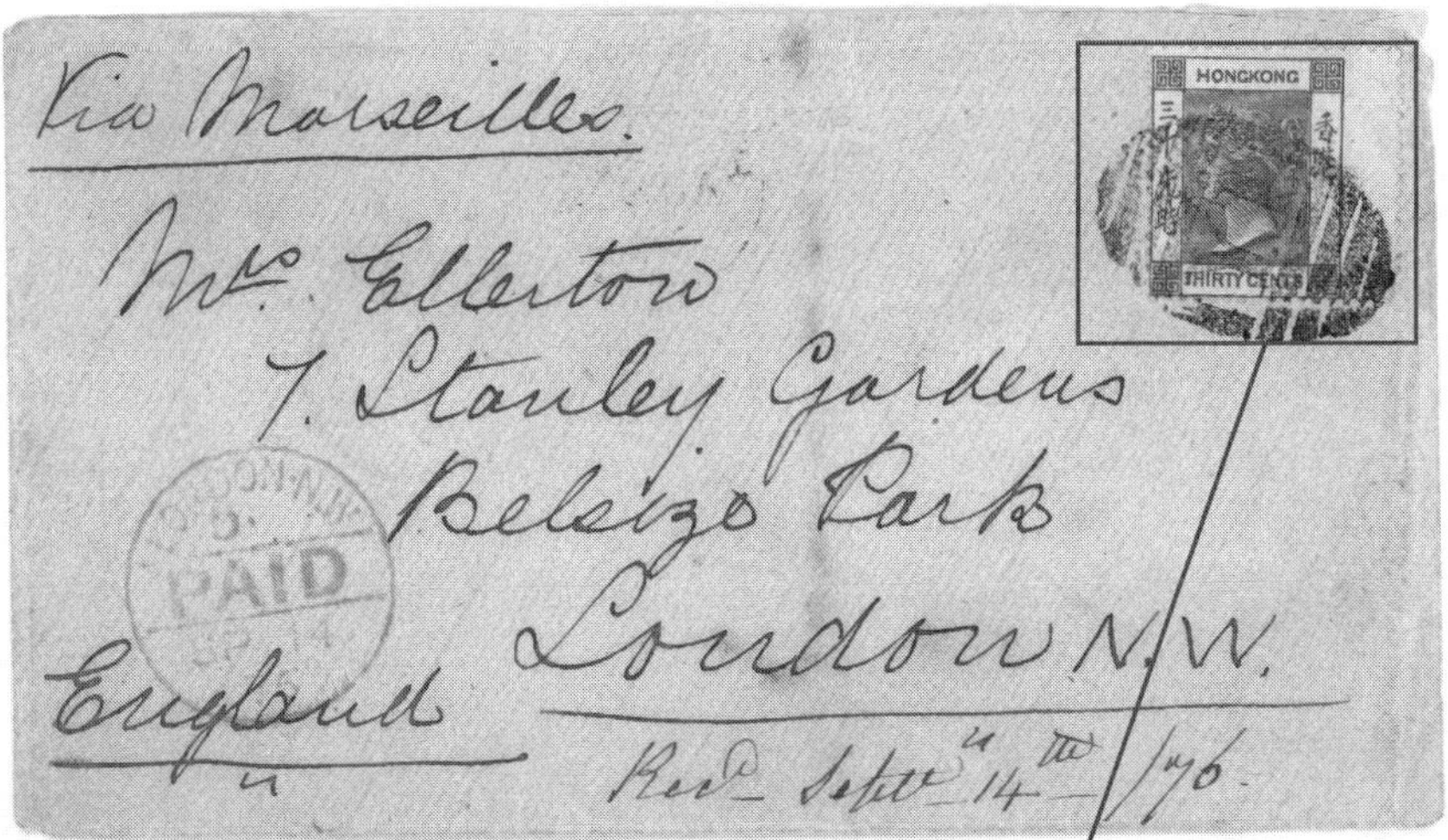

図10　バンコクで使用された香港切手

図9　横浜に置かれた英国の郵便局から香港切手を貼ってロンドン宛に送られた郵便物。横浜で取り扱われたことを示す“Y1”の印が押されている。

ばない開港地内の地域）をつくり、その行政機関として工部局を設置していた。

書信館は、一八六三年六月、上海工部局が郵便局に相当するものとして設置した機関で、年五十両（後に三十両に値下げ）を出資した外国商社を対象として、追加徴収なしで何回でも手紙をやり取りできる集捐《しゅうえん》制度を開始した。

ちなみに、当時の中国における通貨は、〝銀両〟と〝銅銭〟の二種類の秤量本位貨幣が併存する銀銅複本位制だったが、銀両には二つの意味があった。すなわち、

①秤量貨幣用銀地金そのもの：この場合、重量や品位は地域などによってまちまちで、〝銀錠〟と呼ばれる蹄鉄型に鋳造された銀塊の形で流通。主として遠隔地交易決済や納税、高額取引で使用

②重さの単位である〝両〟を基準とする貨幣単位：地域や用途によって異なる銀通貨を改鋳することなく決済するために、記帳単位としての表現で、各地の銀両は、秤量に用いる〝平〟と、品位を表す〝成色〟によって換算流通

冒頭で紹介した上海書信館大龍票は、一八六五年から上海書信館が発行したもので、その額面は、②の銀両のうち、上海で流通していた海關関平銀の金額で表示されている。

切手による料金前納の制度が始まったことで、書信館の集捐制度に未加盟の商社や、旅行者なども彼らの郵便を利用できるようになったほか、書信館は寧波にも分室を設けるなど、急速にその業務を拡大していくことになる。

ここで、あらためて上海書信館大龍票のデザインを観察してみよう。

中華世界の伝統的な龍のイメージは、後漢の王符による『九似説』と宋の羅願曾による『三停説』を合わせた〝三停九似説〟に基づくとされる。

〝三停〟とは龍の体つきのことで、龍が天上・海中・地下の三界に通じていることを象徴するように、首から腕の付け根、腕の付け根から腰（あるいは下肢の付け根）、腰（あるいは下肢の付け根）から尾までの三つの部分の長さがそれぞれ等しいとされている。

上海書信館大龍票の龍は、胴に対する四肢の付き方がかなり図案化されているので、腕の付け根や腰を基

準には考えづらいが、とりあえず胴が三つ折りで描かれているので、三停のスタイルには合致している。

一方、〝九似〟とは、龍の九つの部位がそれぞれ他の動物に似ていることを表現した言葉で、具体的には、角は鹿、耳は牛、頭は駝（駱駝）、目は兎、鱗は鯉、爪は鷹、掌は虎、腹は蜃（蛟：みずち）、うなじは蛇に似ているとされる。また、背中には八十一枚の鱗があり（そのうち、喉の下の触れると激怒する鱗が逆鱗である）、口のそばに髯（頬ひげ）、髭（口ひげ）が、顎の下には輝く珠がある。そして、頭の上には山の形をした博山（尺木）がある。

上海人龍票の龍の角は直線で、鹿の角とは似ても似つかないが、頭と耳、目は、たしかに九似説の通り、駱駝、牛、兎のようにも見える。掌と口は確認できないが、髯髭も描かれている。なお、真正の切手では髭は七本で、本数の異なるものは明らかな偽造品ないしは模造品である。また、上海大龍票の偽造品・模造品を識別する簡単なポイントはもう一つあって、上海ローカル郵便局を意味する〝海 SHANGHAI L.P.O. 上〟の枠の下線と、発行元の工部局と額面を示す〝部 XX CANDAREENS. 工〟の枠の上部の線が一直線でつながっているものもフェイクである。

龍の周囲には雲が、下には海が描かれており、これはおそらく、龍が水、降雨、台風、洪水を制御する力を有する存在であることを踏まえての図案化であろう。

このように観察してみると、上海大龍票の龍は、おおむね三停九似説を踏まえてデザインされているが、西洋の龍にしばしばみられるように、角が鹿のように枝分かれして伸びていないところなどから、上海在住の西洋人が、中華世界の伝統を真似てデザインしたものと考えることも可能かもしれない。

上海大龍票が発行された一八六五年、香港＝上海＝長崎の定期航路（図11）が開設されると、英領香港郵政局と上海書信館は、ドル箱路線の香港＝上海間の郵便物をめぐって、熾烈な争奪戦を展開する。

上海書信館が集捐制度を開始した当初から、英領香港政庁は、集捐制度による〝無認可〟の郵便物に目を光らせ、香港から北方（特に上海）へ向かう郵便船に〝無認可〟の郵便物が積み込まれないように監視していた。

図11　1865年に開設された香港＝上海＝長崎の定期航路によって、香港から長崎に送られたカバー。1867年12月に香港から差し出され、書き込みによれば、翌1868年1月6日に長崎に到着している。当時、日本国内は最後の徳川将軍、慶喜による大政奉還（1867年11月9日：慶応3年10月14日）、王政復古の大号令（1868年1月3日：慶応3年12月9日）、鳥羽伏見の戦い（1868年1月27日：慶応4年1月3日）といった具合に、幕末維新の動乱の最中にあった。

これに対して上海工部局は、現地在住の外国人に対して、使用人の中国人が差し出す手紙に、書信館の切手が貼っていなければ受け取りを拒否するよう呼びかけ、郵便取扱量を急増させた。この結果、一八六五年度の英国郵政局の事業報告書には「香港外の郵便取扱の収入が半分に落ち込んだ」と記載されるほどで、香港郵政局は、

①上海書信館と英国領事館郵便の業務は合体・並存させ、合同の郵便局を便利な場所に置き、それぞれの職員が業務を分担・協力する

②将来的には、上海書信館の郵便業務は長江沿岸の都市、北方都市、寧波、上海市内に限定し、日本、上海以南の開港地、香港、欧米（宛郵便物）については、香港郵政局が担当する

という解決策を提起する。

このプランは書信館側にとっては承服しがたいものであったが、一八六七年十一月、最終的に上海書信館はこれを呑まされた（ただし、一八七一年六月には両者の提携関係は解消）。

こうした状況の中で、一八六六年、上海書信館は従来の大龍票に代えて、龍を描いた少し小ぶりな切手を発行する。この新切手は大龍票との対比で〝（上海書信館）小龍票〟と呼ばれている（図12）。

大龍票の龍に比べて、一八六六年に発行された小龍票の龍は、われわれがイメージする中華世界の龍に姿

が近づいているものの、全体にぼやけた印象を受ける。あるいは、香港郵政局との熾烈な競争を通じて大量の切手が必要になったことから、目打ちを入れるなど、利用者の便宜が図られる一方、印刷そのもののクオリティを一定の水準に保つのが難しくなったということなのかもしれない。

図 12　上海書信館小龍票

中国国家郵政と海關大龍票

駅站、文報局、民信、客郵、書信館とさまざまな組織が入り乱れて通信事業を行う中、一八七八年には海關（海関）が、事実上の国家郵政としての活動を開始する。

海關はもともと清朝が外国貿易のために設置した関税徴収組織で、一六八五年、江（上海）、浙（寧波）、閩（厦門）、粵（廣州）の四海關が置かれたのが起源である。特に、粵海關には中央から監督を特派され、特許商人の公行が徴税を請け負って莫大な利益を上げていた。

一八四二年の南京条約で、上海など五港が開港したことに伴い、清朝と諸外国の間で従価五パーセント税などの片務的税率が施行され、開港直後は各国領事が自国商人から徴収したが、一八五一年以降は清朝の海關道が担当した。

一八五三年、太平天国の乱の余波で上海の江海關は閉鎖を余儀なくされ、英・米・仏三国の領事が輸出入税を代理徴収した。その後、翌一八五四年に徴税事務は、上海道台が再び担当することになったが、通商条約の履行という点で諸外国には不満が残った。

そこで同年、上海道台の呉健彰は英・米・仏三国の代表からなる関税管理委員会の設置を受け入れ、外国人税務司による海關管理が開始された。

一八五八年に天津条約が結ばれると、各開港地に外国人税務司が配置され、英国人のホレイショ・ネルソン・レイが初代海關総税務司に就任した。その後、戦乱の中で、海關は北京の各国外交団の郵便を取り扱い、これを契機に開港地間、さらには外国宛の郵便も取り扱うようになる。

一八六〇年、清朝は洋務外交事務を司る中央機構として総理衙門を新設し、海關もその管轄下に移され、一八六三年にはやはり英国人のロバート・ハート（図13）が総税務司に就任する。ハートは四十余ヵ所に及ぶ海關運営の拡充を図ると同時に、清朝政府の対外借款交渉の仲介役も担当した。

図13 〝中国近代郵便の祖〟としてのロバート・ハートの肖像を描いた台湾切手。

こうした前史を経て、一八七八年、清朝政府は北京、天津、上海、煙台、牛荘（營口）の五ヵ所で郵便事務を海關（税関）に委託し、海關は総郵政司も兼務する。これに伴い、海關は近代郵便制度を導入するため、上海海關造冊處で切手を製造した。

当初、海關は切手のデザインとして、

①五本爪の雲龍
②宝塔
③象

の三点を用意していたが、最終的に、中華皇帝の権威を象徴するものとして龍が選ばれた。この時発行された切手は〝海關大龍票〟と呼ばれており（図14）、一般にはこれが〝中国最初の切手〟とされている。

図14 海關大龍票

なお、実際に切手が発行された日付は特定されておらず、多くの研究者は七月二十四日以降の七月下旬を発行日と考えているが、八月説、十月説、十二月説などもある。

海關大龍票は同図案の色違いで、その内訳は、緑色の一分銀切手（以下、額面の単位は銀両。印刷物料金用）、紅色の三分銀切手（書状基本料金用）、オレンジ色の五分銀切手（書留料金用）であった（額面は銀両で表示）。

海関大龍票の龍の周囲に雲が、下には海が描かれているのは、書信館の大龍票同様、龍が水と風雨を統御する存在であるとの認識を反映したものであろう。また、海關大龍票の龍の角は鹿の角のように枝分かれしており、顔の表情などともあわせて、書信館大龍票に比べて中華世界の伝統的な龍のイメージに近くなっている。

切手の原画を制作した人物については資料が残されていないため、

①上海海關造冊處の職員で、一八九四年に西太后の生誕六十周年を祝う記念切手〝萬壽郵票（図15）〟の原画を制作したロバート・アレクシス・デ・ヴィラードであるとする説

②上海海關の米国人職員ホセア・モースとする説

③氏名不詳の中国人画家説

などが提唱されてきた。ただし①については、デ・ヴィ

図 15　萬壽郵票のうち、向かい合う龍が描かれた 6 分銀切手。

図 16　海關小龍票

ラードが正式に上海海關造冊處の職員になったのは一八九二年九月であり、②についても、モース本人がこれを否定している。

その後、海關大龍標は、海關郵政の活動が拡充されるにつれ、宜昌、廈門、漢口、温州、蕪湖、鎮江、九江、寧波、大沽など十四都市で使用されたが、一八八五年に印刷原版の摩耗に伴い、デザインを改定した〝(海關)小龍票(図16)〟が発行されるとその役割を終えた。

台湾龍馬票

清朝政府が、通商ならびに国防上の観点から台湾の重要性を認識するようになったのは一八七〇年代以降のことで、それまでは、台湾は福建省に属する辺境の地という程度の認識しかなかった。そのことを端的に示した事件が明治初年の〝台湾出兵〟である。

かつての琉球王朝は、宮古・八重山地方に対して人頭税を課税していたが、一八七一年十一月、首里(当時の琉球王府の所在地)への年貢を運んで宮古へ帰る途中の御用船が遭難し、台湾南部の八瑤湾に漂着した。彼らは現地の排湾(パイワン)族牡丹社に救助を求めたものの、逆に牡丹社の集落へ拉致され、コミュニケーションがうまく取れなかったため逃げ出した。すると、排湾族はこれを敵対行為とみなして五十四名を殺害。生き残った十二名は現地在住の漢人に救助され、同じく漂着した八重山出身者とともに、福州経由で那覇へ送り返された。

さらに翌一八七二年にも、備中国浅口郡柏島村(現在の岡山県倉敷市)の船が台湾に漂着し、乗組員四名が略奪を受ける事件が発生した。

このため、一八七三年、日本の外務卿、副島種臣が清朝に賠償を求めると、清朝の吏部尚書、毛昶熙は「台湾生蕃の地は化外に置き、政教逮はず」などと返答し、台湾は清国の領土ではないとして責任を逃れようとした。そこで、一八七四年五月六日、西郷従道率いる三千名が台湾南部・屏東車城に上陸して、事件の発生した地域を制圧。犠牲者の遺骨を回収し、慰霊碑を建立した(図17、18)。

その後、十月三十一日に調印された「日清両国互換条款」により、清朝が日本軍の出兵を保民の義挙と認

図 17　台湾出兵の日本軍と和睦した現地住民の集合写真を取り上げた絵葉書。中央に座っているのが西郷従道。日本統治時代に台湾総督府が発行したもの。

図 18　台湾出兵の舞台となった石門（地名）の風景と事件の概要を記し犠牲者に哀悼の意を表した“琉球藩民の碑”を取り上げた絵葉書。同じく日本統治時代に短腕総督府が発行したもので、左上には、１銭５厘の菊切手を貼って、発行日の淡水局の記念印が押されている。

め、遭難民に対する撫恤金（見舞金）十万両、戦費賠償金四十万両の計五十万両を日本側に支払い、生蕃（台湾の山地に住み、漢族に同化していなかった先住民）取締を保証するということで、日本側は一八七四年十二月二十日までに撤兵した。

さらに一八八四年、ヴェトナムの宗主権をめぐって清仏戦争が勃発。この戦争では、フランス軍は台湾に侵攻し、清朝は劉銘傳を督台湾軍務に任命して抗戦したものの、フランスは台湾を一時的に占領した。そこで、清仏戦争終結後の一八八五年、清朝は台湾を省に昇格させ、劉銘傳を主任台湾巡撫に任じてフランス軍と戦い、台湾島の実効支配を回復した。

巡撫となった劉は、一八八六年に招商局（後の台湾商務局）を設立して近代海運制度を導入したほか、道路網の整備、電信事業の創業を行い、さらに、鉄道の敷設こそ経済発展の源との考えに基づき、翌一八八七年、台湾での鉄道敷設の必要性を上奏。勅許を得て同年夏に工事を開始した。

これら近代化改革の一環として、従来の郵驛は台湾郵政総局に改編され、一八八八年三月から切手を用いた近代郵便制度が導入される。

当時の台湾には、淡水、台南、高雄の三ヵ所に海關の郵便部が存在していたが、海關の郵便部は主に在留外国人が、中国本土ないしは外国宛に差し出す郵便物を扱うだけで、台湾島内の郵便には無関心だった。このため、台湾では切手も使用されず、郵便物には料金を収納したことを示す印が押されるのみであった。そこで劉銘傳は、西洋諸国に倣って独自の切手を発行し、公用便と民間便を併せて扱う近代郵便制度の創業を目指し、台湾全島に站（郵便局に相当）を設け、郵便網の整備をはかったのだ。

最初の切手は現地製の用紙に、木版・手刷でつくられた簡便なものだったが、後に、ロンドンのブラッドベリ・ウィルキンソン社に本格的な切手の製造が発注された。切手の上部には皇帝の象徴である龍が、その下には交通・通信を象徴する馬を描き、右側には「大清臺灣郵政局」の文字が、上下には欧文で〝FROMOSA CHINA〟と記しているため、その図案から〝大清台湾郵政局龍馬票（龍馬票。図19）〟と呼ばれている。

龍馬票は、一八八八年六月から発行・使用される予定で準備されたが、事前に清朝中央政府の許諾を取っていなかったため、発行直前になって「中央の龍が人間の顔に似ており、皇帝の権威の象徴としてのイメージを損なう」とのクレームがつき、実際には切手として発行されないままに終わった。

使い道のなくなった龍馬票は、一八八八年十一月から十二月にかけて、台北＝錫口（現在の松山）＝水返却（現在の汐止）間を結ぶ鉄道が開通すると、〝錫口〟、〝水返却〟といった地名や、〝洋銀一角〟との料金表示などの文字を入れて、乗車券に転用されている（図20）。

図19　台湾龍馬票

図20　台湾龍馬票に加刷して、台北＝錫口間の鉄道の乗車券としたもの。

大清国家郵政と日本製の蟠龍切手

一八九五年、日清戦争での敗戦という事態に直面した清朝では、日本の明治維新をモデルにした変法の運動が起こり、科挙の改革、近代的な学校の建設、農工商業の振興、新式陸軍の建設などの詔勅が次々に発布された。

その一環として、海關総税務司のロバート・ハートは、総理各国衙門を通じて「郵政開辨章程」を上奏。上奏案は、一八九六年三月二十日、皇帝の「覧」を得て、一八九七年二月の国家郵政（大清郵政局）の開業へ向けての具体的な動きが始まった。

なお、この過程で郵便料金の基準通貨も、海關時代の銀両から、中国自鋳の銀円（対外決済用の通貨。スペインドル＝本洋、双柱、メキシコドル＝鷹洋、墨銀、米国貿易銀＝美国洋、日本円銀＝日本龍洋、香港ドル銀貨などと等価）に変更されたため、新通貨に対応した切手が必要であった。

当初、新たに発足する国家郵政の切手は、ロンドンのウォータールー・アンド・サン社に発注の予定だったが、準備期間が一年弱しかなく、製造が間に合わない。そこで応急的な措置として、白羽の矢が立てられたのが、東京築地活版印刷所（以下、築地活版所）だった。

築地活版の創業者ともいうべき本木昌造は、幕府直轄の長崎製鉄所の主任・頭取などを歴任し、上海の印刷出版所、美華書館のウィリアム・ガンブルの指導の下、日本語活字の製造に成功した人物。明治維新後の一八六九年、旧士族子弟の教育機関として〝新町私塾〟を開設し、その運営費を捻出するために、塾に併設して〝長崎新町活版所〟を開設する。翌一八七〇年には、これを〝長崎活版製造会社〟として活字製造・印刷事業を本格的に開始し、大阪、京都、横浜に活版所を開設した。

その後、長崎活版製造会社の経営は、門人の平野富二が引き継ぎ、東京に進出。大量の布告文書を発していた明治政府に活字を販売したほか、一八七二年末の太陽暦の採用に伴う新暦五万部の印刷も受注。さらに、新聞・雑誌の創刊ラッシュの中で急激に社業を拡大し、一八七三年、東京・築地に大工場を建設して本社機能を移転した。

これが東京築地活版製造所の直接のルーツである。順調に業績を伸ばした築地活版所は、十年後の一八八三年、上海出張所として〝修文書館〟を設立し、海外展開を開始。当時の築地活版所の広告には「諸君よ、諸君がお見知りの我が東京築地活版製造所ハ初めて其業を開きしより爾来三十餘年來全力を盡して其業其藝に勵みし爲め其名既に東洋に洽く支那朝鮮ハ申すに及ばず數百里以外の眞韮新嘉坡等より遙々注文を受る程の盛大に至りました」との文言もあった。

ところで、上海で活動を開始した書信館は、一八六五年、寧波に最初の分室を開設。その後、漢口、福州、羅星塔、汕頭、厦門、烟台、九江、宜昌、重慶、蕪湖、牛荘にまで郵便物の取扱を開始し、海關の郵便事業と競合した。ただし、事業は慢性的な赤字だったため、一八九三年、集捐制度は廃止されて郵便物は完全に有料化され、切手の貼付が義務

図21　漢口書信館が発行した切手

化される。

こうした中で、一八九三年五月、漢口の分局は、上海からの切手の供給が途絶えたのを機に独自の切手（図21）を発行。以後、各地の書信館でも独自の切手を発行するようになった。

各地の書信館切手には外国人の収集家に販売して利益を得るという意図もあったため、ドイツや英国など、当時の最先端の印刷技術を持つ国々に製造が委託されているものが多かったが、中国大陸で手広く活動していた築地活版所もその製造を受注した。

築地活版所が製造した最初の書信館切手は、一八九四年六月一日に発行の九江書信館の切手（図22）だが、その二ヵ月後の八月一日には日清戦争が開戦している。外国人の管理する書信館でなければ、交戦国で製造された切手が流通することなどあり得なかっただろう。

以後、築地活版所は、日清戦争最中の同年十二月に発行の宜昌書信館切手（図23）や、下関講和条約締結後の一八九六年九月に発行の南京書信館（図24）の切手などを製造した。

こうした実績はロバート・ハートの眼にも留まり、

上右・図 22　築地活版所が製造した九江書信館の切手。

上中・図 23　築地活版所が製造した宜昌書信館の切手。

下・図 24　築地活版所が製造した南京書信館の切手。

上左・図25　清朝国家郵政の発足に合わせて行された“暫作洋銀加蓋票（加蓋は加刷の意）”

ハートは応急的な措置として築地活版所に清朝の切手製造を発注した。さらに、国家郵政の発足に伴い、築地活版所は新たな郵便印の製作も受注している。

とはいえ、当時の技術水準では、地の利に勝る築地活版所であっても、国家郵政の開業に間に合わせて切手を納品することは不可能であった。

そこで、大清郵政局はとりあえず、上海海關造冊處で海關の切手に「暫作　洋銀　X分」と加刷して対応することとし、一八九七年二月二日（光緒二十三年の元日に相当）、〝暫作洋銀加蓋票（暫作は暫定的に制作、加蓋は加刷の意）〟（図25）を発行。それから半年後の一八九七年八月十六日、ようやく、築地活版所の切手（図26）が正式に発行された。

切手のデザインは、蟠龍（天に昇る前のうずくまった状態の龍）を描くもの、跳ねる鯉を描くもの、飛雁を描くものの三種類があった。これらの切手は〝日本版蟠龍票〟と総称されている。

そして、日本版蟠龍票の発行からさらに約五ヵ月が経過した一八九八年一月二十八日、日本版蟠龍票とほぼ同じデザインで、ロンドンのウォータールー・アン

図26　清朝国家郵政最初の切手は東京の築地活版製造所で制作された。

図27　ロンドン版蟠龍票

ド・サン社の製造した凹版印刷の切手（図27）が発行され、以後、清朝の滅亡まで使用された。こちらは、日本版と区別して〝倫敦（ロンドン）版蟠龍票〟と呼ばれている。

日本版と倫敦版の両蟠龍切手の品質の差は、当時の日英の国力の差がそのまま反映されていると見て良い。とはいえ、わずか半世紀前、黒船の到来に慌てふためいていた極東の島国が、急激な近代化（＝西洋化）を成し遂げて、近隣諸国の近代化改革のモデルとなり、隣国の国家郵政創業の際には、切手の製造をも請け負うほどに成長していたことは、もっと多くの日本人に知られるべきであろう。

第2章　日本最初の切手にはなぜ龍が描かれたのか

世界最初の切手は女王の肖像だった

古来、国王の肖像は貨幣に刻まれ、国民の間を流通していた。それは、本来、誰がその地域の支配者であるか、利用者に目に見える形で示すためであったが、国民の側では抽象的な愛国心を図像化するイコンの役割を果たすものでもあった。また、見慣れた人間の顔というのは、微細な変化であっても、見る者はすぐに違和感をおぼえるものだから、偽造防止という観点でもうってつけの題材である。

図１　英国で発行された世界最初の切手。

こうしたことから、一八四〇年に英国が世界最初の切手〝ペニー・ブラック〟（図1）を発行するにあたって、

①英国を象徴するもの
②国民に受け入れられるもの
③十分な偽造防止策が採れるもの

という条件にかなうものとして、切手の題材としてヴィクトリア女王の肖像を用いたのも、いわば自然な成り行きであった。

その後、世界各国が英国に倣って切手を用いた郵便制度を導入していったが、その多くは、国家のシンボルとして、国家元首や〝建国の父〟と呼ばれる人物の肖像、ないしは国家の紋章（多くは王家の紋章だったが）を切手の題材として取り上げるか、あるいは、実用性を最優先させて額面の数字を大書するか、そのいずれかのパターンをとっていた。

なお、国王の肖像が印刷された切手の上に、黒々と消印を押すことについては、一部の国ではこれを忌避

上：図２　1851年のスペインの封筒。消印は中央部に空白をつくることで、女王の肖像が汚れないような工夫がなされている。

下；図３　2009年にイタリアが発行した"シチリア切手150年"の記念切手は、最初の切手に描かれているフェルディナンド２世の肖像を汚さないように、アーチ型の消印が使用されていたことを示すデザインになっている。

するケースもないではなかった。たとえば、スペイン（図２）や統一イタリア王国が発足する以前のシチリア（図３）において、消印のかたちを工夫することで国王の肖像が汚れないようにとの配慮がなされたのは、その典型的な事例である。

しかし、ヨーロッパ諸国の大半では、国王の肖像が消印で汚されるということよりも、国王の肖像が描かれた切手が日常的に流通することによって、国王と王室に対する国民の親愛の情を涵養することのほうがより重要と考えられていたから、消印によって肖像が汚れるということは、ほとんど問題とされなかった。

龍切手の誕生をめぐる俗説

これに対して、旧暦明治四年三月一日（一八七一年四月二十日。以下、日本国内の明治五年末までの出来事に関しては、原則として旧暦で日付を記載する）に創業した日本の近代郵便が最初に発行した切手（図４）は、向かい合う二匹の龍の間に額面の数字を記すという特異なスタイル（それゆえ、"龍切手"、特に明治五年に額面を銭位に変更して発行された"龍銭切手"と区別して〝龍文切手〟と呼ばれている）であった。

日本最初の切手のデザインとして、二匹の龍が採用されたことの理由については、「裏糊を舐めたり、消印で汚したりする切手のようなものに天皇の肖像を印刷するのは畏れ多いので、天子の象徴である龍を取り上げた」という俗説が広く信じられている。

図４　日本最初の切手。２匹の龍が向かい合っていることから、“龍切手”と呼ばれている。

しかしこの説明は、その後の切手についてはともかく、明治四年に発行された龍文切手に関しては、相当に無理がある。

そもそも、龍文切手には裏糊はついていない。したがって、天皇の顔が印刷された紙の裏糊を舐めるから不敬であるというロジックは、当時の日本人の間では発想としてありえない（ただし、英国では最初の切手であるペニー・ブラックから裏糊つきで発行されたが）。

次に、消印で汚されるから天皇の肖像を取り上げなかったという説明だが、こちらについても、やはり（その後の切手についてはともかく）龍文切手に関しては、妥当な解釈とはいいがたい。

図５　前島密。背景の建物は駅逓寮。

実は、近代郵便の創業と切手の発行を企画した際、政府の通信等を担当していた駅逓司の責任者であった駅逓権正（当時、長官に当たる駅逓正は空席であった）の前島密（図５）は、切手の再使用を防ぐ手立てとして、切手に消印を押すという方法があることを知らなかった。このため、彼は切手の用紙を破れやすい薄手の和唐紙とすることで、切手を封筒から剥がそうとすれば破れてしまうようにして再使用を防げばよいと考えていた。

前島（すなわち、日本の郵政）と消印との出会いは、明治三年六月二十四日、大蔵大丞・上野影範の特別弁務官として英国への差遣を命ぜられ、米国経由でロンドンへと赴任すべく、米国船ジャパン号に乗って横浜を出港した後、船中で、切手には消印を押すということを知ったのが最初である。

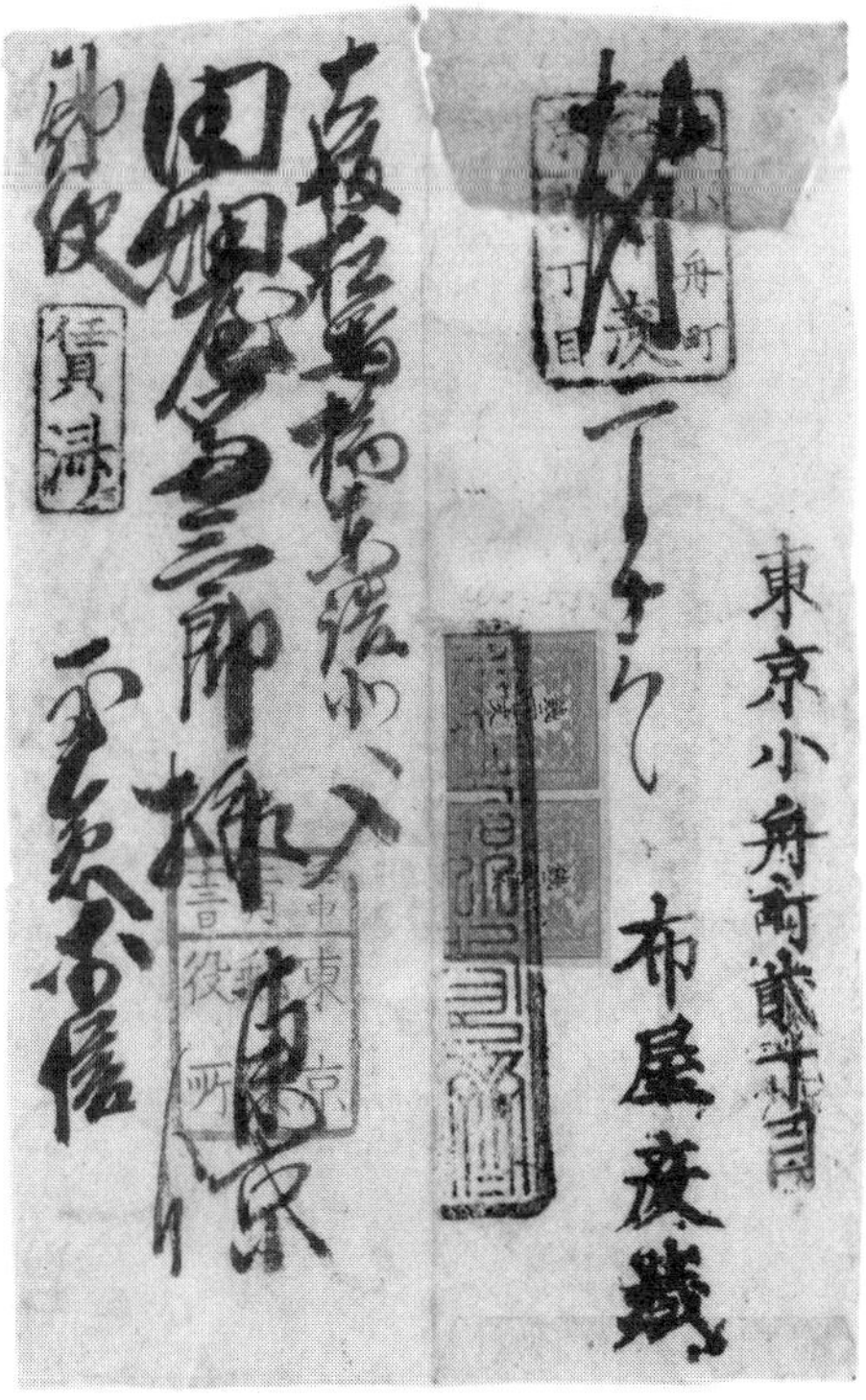

図６　郵便創業間もない時期の封書。明治５年２月、200文の龍切手を２枚貼って東京から大阪宛に差し出されたもの。

その後、前島は彼の留守を預かって駅逓権正となった杉浦譲に手紙を出し、明治三年十一月になってようやく、切手の再使用を防ぐため、消印（抹消印）を押すということが規則として定められた（図６）。

それでも、明治四年三月一日に郵便サービスが実際に始められた際、現場の郵便局（当時は〝郵便役所〟といった）では、切手に消印を押すということが実感として理解できなかったようで、消印を押さない事例が少なからずあったようだ。東京郵便役所は、開業から六日目の三月六日に、「駅々より差立候書状之内賃銭切手に検査済之印押無分も有之、不都合ニ付、自今手落無之様可被取扱」との通達を各駅の管轄駅逓掛に出し、消印の押印漏れのないよう戒めている。

このことは、切手に天皇の肖像が印刷されていようがいまいが、そもそも、郵便創業時には、切手に消印を押すということが一般に徹底されていなかったことを意味している。それゆえ、当時の大多数の国民の間には、消印で汚されるから肖像を印刷するのは不敬であるという発想が生じる余地はなく、日本最初の切手に天皇の肖像ではなく龍が取り上げられた理由について、「裏糊を舐めたり、消印で汚したりする切手のようなモノに天皇の肖像を印刷するのは畏れ多いので、天子の象徴である龍を取り上げた」と説明するのはナンセンスとしか言いようがない。

渋沢栄一の持ち帰ったフランス切手

それでは、以下、龍文切手が世に出るまでのプロセスをあらためて確認しておこう。

明治三年五月十日、租税権正であった前島密は、自ら望んで駅逓権正を兼任することになった。

就任早々、前島は、東京＝京都間を往復する文書に関して、政府が莫大な逓送費を飛脚業者に支払っていることを知り、これを官業とすることで、政府の支出を抑えることを考えつき、六月二日、郵便創業に関する建議を民部・大蔵両省の会議に諮っている。

ところで、郵便創業の建議に際して、前島は百文・二百文・五百文の三種の切手を発行することもあわせて提案している。このとき、彼が提案した切手のデザインは龍ではなく、梅花模様（図7）で、これは、渋沢栄一がフランスから持ち帰った切手（図8）を元にしたものといわれている。

図7　前島が提案した切手の雛形

図8　渋沢栄一がフランスから持ち帰った切手のうち、前島の雛形の元になったとされる不足料切手（郵便料金の不足分を徴収するための切手）。

渋沢が持ち帰った切手は、不足料切手といって、郵便料金の不足分を徴収するために、郵便局のスタッフが用いるもので、一般の利用者が日常的に用いているものではない。

渋沢は、慶応三（一八六七）年、徳川昭武（慶喜の弟）が兄である将軍の名代としてパリの万国博覧会に参加した際、勘定格として一行に加わり、翌年の明治元（一八六八）年に帰国した際にフランスの切手を持

図9　ナポレオン3世を描いたフランス切手

ち帰っている。ちなみに、当時、フランスで日常的に用いられていた切手には皇帝ナポレオン三世の肖像が描かれていた（図9）。

前島と渋沢の邂逅は、明治二年三月頃のことであることがわかっているが、その後、自ら望んで駅逓権正に就任し、わずか一ヵ月足らずで切手の雛形とともに郵便創業の建議を提出しているところを見ると、前島は渋沢と会って早々に切手を見せられ、郵便創業についての漠然たるプランを思いついたことは想像に難くない。また、前島は、幕末の函館・長崎などで遊学した経験があり、その際、現地の宣教師から海外の郵便制度の話を聞いていたから、渋沢と会い、切手の実物を見ることで、郵便創業についての意欲を燃やすようになったということもあるのかもしれない。

さて、切手の発行を実現するためには、実際に切手を製造する技術者を確保しなければならない。そこで白羽の矢が立てられたのが二代目玄々堂、松田敦朝である。

松田敦朝は、天保八年二月四日（一八三七年三月十日）、京都で銅版工房〝玄々堂〟を営む松本保居（初代玄々堂）の長男として生まれた。初代玄々堂の下、幼少時から銅版画の才を発揮し、十三歳の頃から理由は不明だが松田姓を名乗るようになった。

安政五（一八五八）年、紀州藩から摂津国・河内国・大和国・伊勢国・紀伊国の五国通用の銀札製造を命じられ、その実績を買われて、維新後の慶應四（一八六八）年閏四月、新政府の太政官楮幣局から金札（太政官札、図10）の、翌年九月、民部省から民部省札（図11）の製造を受注し、弟で同じく銅版画家の龍山とともに東京へ移住した。

ここで、太政官札と民部省札についても簡単に説明しておこう。

太政官札（金札）は参与兼会計事務掛の三岡八郎（のちの由利公正）の建議により、明治政府が慶應四年五月十五日（一八六八年七月四日）の布告により、〝通用期限は十三年間〟との期限を決めて発行した紙幣で、総額四千八百九十七万三千九百七十三両一分三朱製造され、四千八百万両発行された。

当初、国民は紙幣に不慣れで新政府の信用もなかったので、市中では太政官札百両は金貨四十両と交換さ

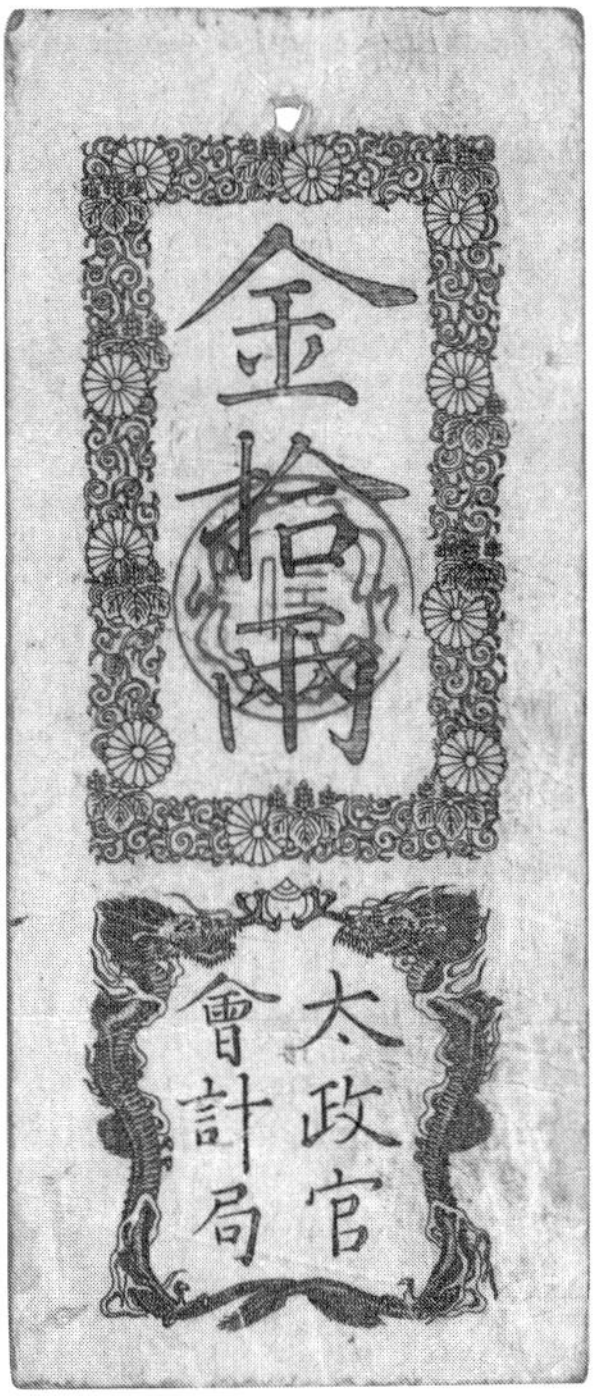

図10　太政官札

図11　民部省札

れるのが常態化していた。このため政府は、太政官札を額面以下で正貨と交換することを禁止したり、租税および諸上納に太政官札を使うように命じたり、諸藩に石高貸付を命じるなどの方法を講じてなんとか信用を増加させたが、今度は偽札が横行することになる。

そこで、明治二年五月二十八日の布告で、太政官札の発行は三千二百五十万両に限定され、さらに通用期限を五年間に短縮。期限にいたって交換未済のものがあるときはこれに対して一年で六パーセントの利子を交付することを約束した。

一方、民部省札は明治二年十一月十五日から翌年にかけて明治政府の民部省が発行した政府紙幣（不換紙幣）で、太政官によって発行された太政官札を補完する役割を担っていた。

太政官札が五額面（十両・五両・一両・一分・一朱）だったのに対して、民部省札は二分・一分・二朱・一朱の四額面で七百五十万両分発行された。民部省札一両は太政官札一両と交換可能で、新紙幣流通までの暫定紙幣として、通用期間は五年とされた。こちらも偽札が各地で横行したのは太政官札と同様である。

さて、敦朝は細密な刻線を特徴とした微塵銅版では当代一流の名手と言われており、彼の工房には山本芳翠や五姓田義松、中丸精十郎などが出入りし、『鮭』の絵で有名は高橋由一（図12）もそのひとりである。

ただし、玄々堂の〝製品〟はあくまでも手作業によって作られたものであったため、異なる版面で〝ほぼ同一〟のものをつくることはできても、細かい差が生じるのは避けられず、全く同一のものを大量につくることは不可能であった。また、近代国家の紙幣や有価証券に要求される偽造防止のための工夫がほぼ皆無であり、それゆえ、上記のような事情もあって、太政官札や民部省札は大量の偽札に悩まされた。

図12　高橋由一の『鮭』

紙幣や有価証券などの偽造防止という観点からすると、欧米ではすでに十九世紀前半には細かい字模様のある背景を使うことが一般化していた。

その代表的なものが、彩文彫刻機による連続模様である。

彩文彫刻機は、歯車を組み合わせて複雑な幾何学模様の原版彫刻を行う機械で、その起源については、一八一〇年にスイス生まれのヤーコブ・デーゲンが発明した〝guillochiermaschine〟とする説と、一八一二年に米国で特許を取得したエイサ・スペンサーの〝geometrical lathe〟とする説がある。両者の接点やその発明内容の異同については良くわかっていないが、デーゲンもスペンサーも、もともとは時計職人で、時計の文字盤などに装飾模様を彫刻する〝ローズ・エンジン〟に改良を加えて紙幣の原版彫刻に応用し、偽造防止に役立てるという点では共通している。

この発明に即座に目をつけたのが、ジェイコブ・パーキンスであった。

パーキンスは、一七六六年、北米マサテューセッツのニューベリーポート生まれ。十代の頃は鍛冶職人として修業を積んでいたが、その腕を見込まれて二十一歳の時にマサチューセッツ造幣局に雇われ、コインの原版彫刻を担当した。

その後、さまざまな機械製作に携わっていたが、凹版彫刻用の鋼材を開発したのを機に、凹版彫刻家のギデオン・フェアマンと共に印刷所を創業。一八〇九年、学校の教科書の印刷を始めた。

フェアマンが原版を彫刻した挿絵の教科書は、当時としては画期的なもので大いに評判となったことから、パーキンスは印刷事業に本腰を入れるようになる。その一環として、スペンサーから彩紋彫刻の特許を買い取っただけでなく、スペンサー本人を雇い入れて、彩文彫刻を施した紙幣の製造に着手した。

一方、当時の英国では偽造紙幣の横行が深刻な社会問題となっており、英国政府は、一八一九年、賞金二万ドルを掲げて〝偽造不可能な紙幣〟を公募した。この機会をとらえて、パーキンス、フェアマン、スペンサーの三人は渡英し、ロンドンのオースティン・フライヤーに彫刻凹版印刷にも対応可能な印刷所、パーキンス・アンド・フェアマン社のオフィスを構え、王立協会会長のジョゼフ・バンクス卿をはじめ、関係各方面に自分たちの試作品（図13）を売り込んだ。

ところが、パーキンスらの試作品は品質面では他を圧倒していたにもかかわらず、バンクス卿が〝偽造不可能な紙幣〟をつくるのはイングランドの出身でなければならないと頑なに主張し、〝外国人〟であるパーキンスらを排除しようとした。そこで、彼らは英国人の凹版彫刻家であり、出版業者でもあったチャールズ・ヒースを共同経営者として迎え入れ、〝偽造不可能な紙幣〟を受注。さらに、一八四〇年に発行された世界最初の切手、ペニー・ブラックもパーキンスの経営するパーキンス・ベーコン・アンド・ペッチ社が製造を受注し、背景には偽造防止の手段として彩紋彫刻機を利用した連続模様が入れられた。

西洋諸国の切手には、ペニー・ブラックに倣い、背景に細かな地模様を入れる事例が多く、ナポレオン三世を描くフランスの切手も例外ではなかった。

さらに当時の西洋では、すでに電胎法による印刷原版の複製が一般的になっていた。

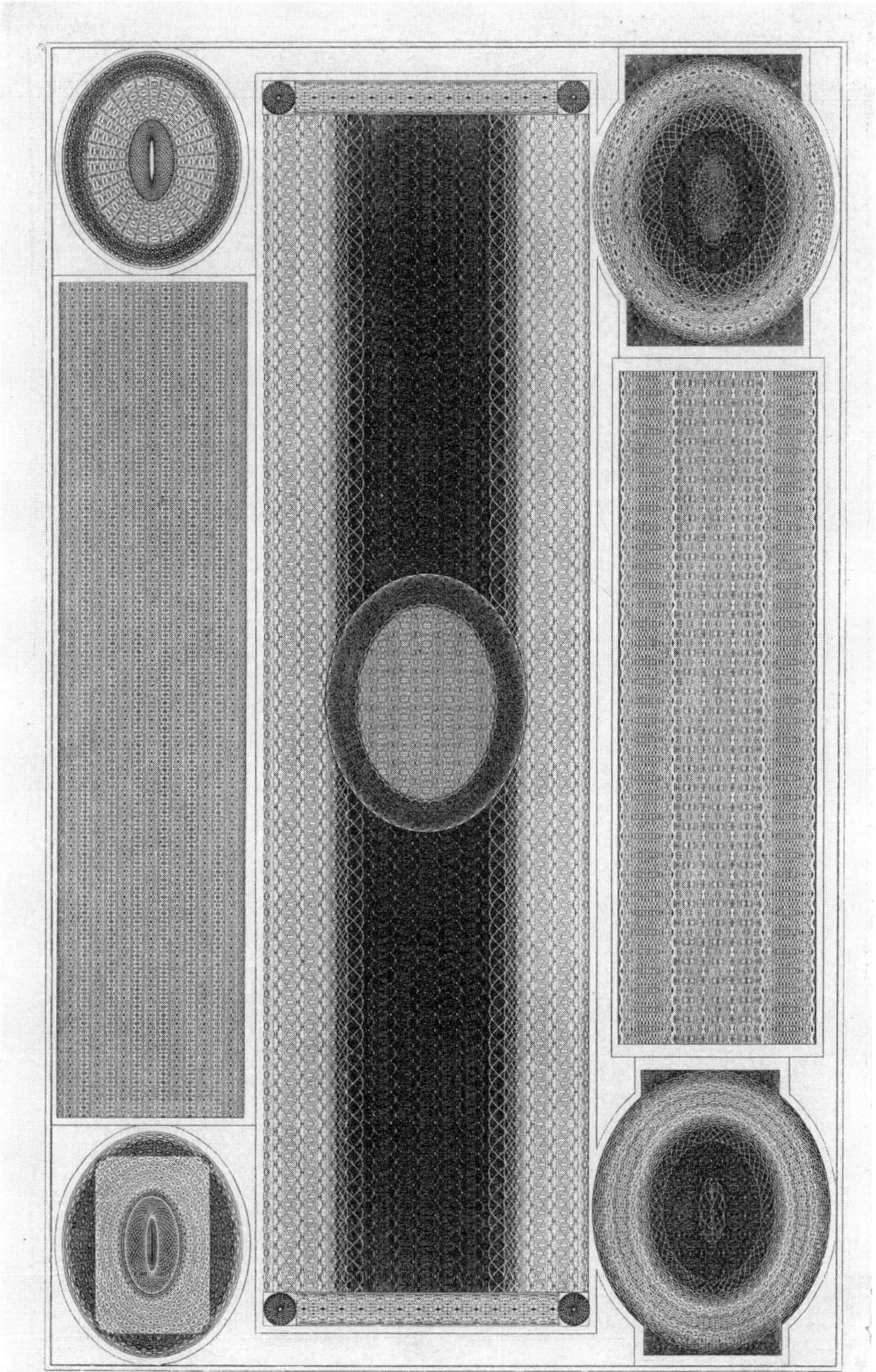

図 13　パーキンスらが制作した英国紙幣用の製品見本の一種。

印刷に使われる版（実用版）は使用している間にどんどん摩耗するから、原版をそのまま実用版として使用すると、原版そのものも追加して製造していく必要がある。そこで、原版の複製を作ってそちらを実際の印刷に用いることが行われるようになったが、その複写方法の一つとして、用いられるのが電胎法である。

電胎法は、一般に、原版から鉛や蝋など（現在ではプラスチックも用いられる）で型を取り、これに黒鉛の粉末をまぶすなどして電導性を与えた後、電槽につるして母型（ガラ版）をつくる。このガラ版を、いわば鋳型として版の複製を繰り返し、実用版をつくっていくというのが、基本的なプロセスである。

この方式では、原版をそのままコピーしていくから、〝ほぼ同じ〟ではなく〝（少なくとも肉眼レベルでは）完全に同一〟の印刷物を大量に製造することが可能になる。

郵便創業を計画した前島は、〝切手〟というモノのサンプルとして、フランス切手を松田に見せたところ、松田は精巧なのに驚いて、「とてもできません」と切手の製造を辞退したという。このとき前島が松田に見せた切手は図8の不足料切手と説明されることが多い。しかし、不足料切手はきわめて単純なデザインで、技術的にも〝精巧な〟要素はほぼ見られない。むしろ、彩紋彫刻機も電胎法も知らなかった松田にしてみれば、背景の細かな地模様や周囲の輪郭など、機械彫刻の要素がみられるナポレオン三世の切手の〝精巧さ〟に驚いたと考えるのが自然ではなかろうか。

とはいえ、偽札が数多く出回っていたにも関わらず、松田に紙幣の製造を依頼せざるを得なかった当時の状況を考えると、切手の製造に関しても前島は松田を頼らざるを得ない。そこで、あらためて、背景に細かな地模様のない（＝彫刻機械を使う必要のない）不足料切手を見せて説得をしたうえで、明治三年六月の建議に、不足料切手に似せた雛形を提出したのであろう。不足料切手の水準でさえも松田の技術ではクリアできないことが分かっていたなら、前島が、わざわざ、不足料切手と良く似たデザインの雛形を提出するとは考えにくい。

突貫作業で作られた龍切手

さて、郵便創業の建議を意提出した前島は、前述した通り、明治三年六月二十四日、英国に向けて横浜を出港して洋行してしまう。

留守を預かった杉浦は、同年九月二十四日、前島のプランに五十文切手を追加して切手発行の計画をまとめる。そして、この計画案は、十一月二十八日の大蔵省議を経て正式に決定となり、大蔵省出納寮から松田宛に切手の製造が発注された。切手の発売予定日である明治四年二月二十四日までの猶予は八十八日間である。

このとき発注された切手の枚数は、五十文切手八万枚、百文切手十四万枚、二百文切手十四万枚、五百文切手七万枚の、計四十三万枚である。さらに年が明けた明治四年一月二十五日には、各額面同数ずつの追加発注が行われた。

なお、実際に発行された切手は五十文切手ではなく四十八文切手になっているが、この点については、若干の説明が必要であろう。

江戸時代まで通貨は、基本的には、金貨と秤量貨幣（貴金属としての品位・量目を検査・計測して用いる貨幣）の銀、それに、銭（銅銭）の三種類があった。

このうち、金貨と銀の交換レートは、公定相場では、金一両（小一枚）＝銀六十匁（二二四・四グラム）＝銭四千文。また、金貨に関しては、補助貨幣として分と朱があり、一両＝四分、一分＝四朱という勘定になっていた。

この計算だと一朱は二百五十文になるが、現実の問題として銭を二百五十枚持ち歩くのは不便なので、麻や藁などで百文ごとに括った緡《さし》がつくられ、緡の状態になっている銭に関しては、手数料・紐代込で九十六枚の銭が括られていれば、百とみなすという慣例があった。これは、金貨が四進法で一両が銀六十匁であったことをふまえ、四と六の公倍数のうち、百を越えず、百に最も近い値が九十六だったためである。

こうした決済方法は〝九六勘定〟と通称されたが、これによると、四十八文は緡一本をばらした時の半額、すなわち、当時の人々の感覚としては百文の半分、実質的に五十文に相当するとみなされていたのである。ちなみに、明治元（一八六八）年頃の物価は、コメ一升が五百〜一千文、もり蕎麦が二十〜二十四文だった。

また、切手のシートもこうした通貨制度に対応して、横一列八枚の五段組、計四十面という構成になっている。たとえば、百文切手四十枚の額面合計四千文は一両に相当し、二百文切手のシートは二両に、五百文切手のシートは五両に相当し、四十八文切手のシートは一両の半分、すなわち、二分に相当する。シートを縦一列、五枚分で切り取れば、四十八文切手で二百五十文相当だから一朱に相当し、横一列、八枚分で切り取れば四百文相当、すなわち一両の十分の一として、銀六匁になるわけだ。

また、明治四年三月一日、東京＝大阪間で日本の郵便が創業した当時の料金は、差出地から東海道の直近の宿駅までを五匁（当時は一八・七グラム）ごとに百文として、そこから距離に応じて百文単位で刻みが上がり、最も距離の離れた東京＝大阪間は一貫五百文（一貫は一千文）とされた。書状の重さが五匁を越える場合には、五匁ごとに一通の半額分が追加される計算で、四十八文切手はそのために必要だった。

さて、松田の工房では、郵便創業に間に合わせるべく、八十六万枚もの切手の原版彫刻（シートの一枚一枚が全て手作業で彫刻された）と印刷を突貫作業で行った。

切手は、二匹の龍と周囲の雷文の部分と、額面数字の部分の二色刷になっていたが、これは、龍文切手の制作期間中からすでに新貨条例による新通貨（円・銭・厘）導入の準備が進められていたため、新通貨の導入後も額面の部分のみを差し替えれば、周囲の龍と雷紋の部分はそのまま流用できるようにするためである。実際、龍文切手の印刷に使われた版の一部は龍銭切手の製造にも流用されており、版が摩耗して印刷がクリアでないモノも多い。

ところで、二色刷の切手を製造するために二つの版を使うと、刷り重ねる際に二番目の版の上下を逆にしてしまう〝逆刷〟が発生する可能性がある。龍文切手に関しても、五百文切手に額面数字が上下逆刷になっているものが一点のみ存在が確認されている（図14）。

五百文切手に逆刷の存在が確認されたのは、切手の発行から八十年以上が過ぎた第二次世界大戦後のことである。

図 14　アジアの切手で最も高価な 1 枚とされる“龍五百文逆刷”

物語は、一九五〇年代初頭、米ピッツバーグ在住の収集家、ウェーバーが日本切手のコレクションを購入したことから始まる。その金額は、ウェーバーによると、せいぜい外食二―三回程度だったという。

ウェーバーは自分の買った切手のうち、五百文切手一枚が逆刷になっていることに気付いたが、友人からは即座に偽物扱いされたうえ、手彫切手には偽物が多いという話も聞いて、切手そのものに興味を失ってしまう。その後、彼のコレクションは放置されたまま、一九七二年にウェーバーは亡くなった。

父親の死後、コレクションを相続した息子のマールは、父親の遺品の本当の価値を知りたいと思い、米国の日本切手専門サークルＩＳＪＰ（International Society for Japanese Philately）の鑑定委員会に逆刷切手を送った。切手を受け取った鑑定委員長のヴァロット・タイラーは、これが真物であることを確信しつつ、東京の日本郵趣連合に転送。郵便を受け取った日本側の専門家・谷喬は、当時の日本郵趣連合会長で、日本切手の権威として知られる市田左右一とともに、右下にピンホール（手彫切手を印刷する際、針で用紙を固定した痕跡）があることから、この切手がシートの左下、四十面中の三十三番切手であることを確認。さらに印面の精査から、問題の切手の輪郭部分は、シート右上、八番切手のものと判明した。

ほかにも、紙質や刷色、押されている消印の特徴などから総合的に判断して、逆刷切手は間違いのない真物であることが確認されたため、市田は真正品としての鑑定書を発行し、〝五百文逆刷〟の存在が広く収集家に知られることになった。

この切手は一九七三年十二月九日、米国のウェバリーオークション社が東京のパレスホテルで開催したオークションに出品され、日本人収集家が三千五百万円で落札。一九九一年の世界切手展では石川良並の所蔵品として特別展示されていた。その後石川は、彼のメインコレクションである「ハワイ」をオークションで処分したものの、五百文逆刷に関してはプライベート取引で処分されたため、長らくその行方は不明だった。

しかし、二〇一八年にイスラエルで開催された世界切手展〈WSC Israel 2018〉に山田祐司が出品した手彫切手のコレクションに五百文逆刷が展示されていたことから所在が明らかになり、以後、二〇二一年に横浜で開催されたアジア切手展〈PHILANIPPON 2021〉まで、五百文逆刷は山田コレクションの目玉としてしばしば展示されていた。

その後、二〇二三年一月までに五百文逆刷を含む山田コレクションはスイス人に所有権が移転。二〇二三年六月三日、スイス・ジュネーヴで開催されたデヴィッド・フェルドマン社のオークションに出品され、五百四十万ユーロ（手数料込。当時のレートで約八億一千万円）で落札され、アジアの切手で最も高価な一枚となった。

さて、話を明治初年に戻そう。

松田の工房で完成した切手は二月半ばには開業予定の東海道筋六十五ヵ所の郵便役所・取扱所に配給され、開業一週間前の二月二十四日から発売が開始された。

松田が正式に切手の製造を受注してから発売開始までの日数は八十八日。この間に、八十六万枚（二万一千五百シート）の切手を調製するには、正月も休まずに働いたとして、単純計算で一日一万枚弱を手作業で製造しなければならない。このような突貫作業をこなすためには、新たにオリジナルのデザインをつくり、原版の彫刻を行うのは非現実的である。この結果、人物の肖像や、前島の提案していた梅花模様を切手のデザインとして採用するというプランは製造日数の関係から放棄され、太政官札や民部省札で松田が彫りなれていた龍のデザインが採用されることになったものと考えられる。実際、太政官札や民部省札に描かれている龍の姿は、明治四年の切手の龍と酷似している。

　偽札の横行に悩まされていた太政官札や民部省札の龍のデザインを切手にも流用せざるを得なかったのは、やはり、大量の切手を郵便創業の明治四年三月一日に間に合わせることを最優先した結果と見るべきであろう。その結果、たとえば、偽造防止という点で適切か否かなどといったデザイン上の諸問題は副次的な事柄として捨象され、とりあえず龍を描く切手を発行せざるを得なかったというのが実情だったと思われる。

水と天候を司る龍神

　ところで、切手のデザインであれ、貨幣のデザインであれ、〝龍〟が採用されたのは、中華世界の伝統に倣い、龍が天子の象徴とされていたためだという見解を唱える論者がいるが、この説明もまた説得力に乏しい。

　そもそも、江戸時代の庶民の間では龍をデザインした服装や龍の入れ墨（いずれも五本爪のものが少なくない）が特に制約もなく巷にあふれていた。このことは、皇帝の象徴としてごく限られた階層の人間しか五本爪の龍の意匠を用いることが許されなかった中華世界と日本とでは、龍に対する感覚が根本的に異なっていたことを何よりも雄弁に物語っている。

　それでは、以下、明治以前の日本において〝龍〟がどのような存在であったか、概観してみよう。

　神獣としての〝龍〟のイメージは、農耕技術や金属器などの文化とともに大陸から流入したもので、大阪府の八尾南遺跡から出土した弥生式土器に描かれている龍が、わが国最古の龍の画像と推定されている。この土器に描かれている龍の造形はかなりシンプルで、水をもたらす存在、水神として描かれたと考えられている。

　また、『魏志倭人伝』には、魏の皇帝が卑弥呼に銅鏡百枚を下賜したとの記述があり、銅鏡に刻まれた四神（天の四方の方角を司る霊獣。東の青龍、南の朱雀、西の白虎、北の玄武で、五行説に照らし合わせて中央に麒麟や黄龍を加え、五神、五獣とされることもある）の一つとして、青龍（図15）の具体的な造形が伝えられた。

　青龍は長い舌を出した（青）緑色の龍で、天文学上

図15　高松塚古墳壁画の青龍

は、天を二十八に分割した二十八宿の東方七宿に対応しており、東方七宿（角宿・亢宿・氐宿・房宿・心宿・尾宿・箕宿）をつなげて龍の姿に見立てたのが由来とされる。

また、『魏志倭人伝』には、「夏后少康之子封於會稽斷髮文身以避蛟龍之害　今倭水人好沈没捕魚蛤文身亦以厭大魚水禽（夏后小康の子、会稽に封ぜらるるや、断髪文身して以て蛟龍の害を避く。今、倭の水人、好みて沈没して魚蛤を補へ、文身し、亦以て大魚・水禽を厭う）」との記述がある。ここでいう〝夏后少康之子〟は、会稽に封じられて越王勾践の祖となった〝無余〟のことで、そこから、この一節は「越人が入れ墨をして蛟龍（一般に龍の幼生とされる神獣）を避ける風習に似て、倭人も入れ墨で大魚水禽の難を避ける」という趣旨だと理解できる。この記述によれば、最初の弥生人は江南地域の龍蛇信仰を持つ海神族の流れということになるのだろう。

記紀神話では、神武天皇には龍の血が流れていると考えられているが、あくまでも母方の血筋である。

その昔、兄の火照尊（ホデリ）は海幸彦（漁師）として大小の魚を獲り、弟の火折尊（ホオリ）は山幸彦（猟師）として大小の獣を獲っていた。あるとき、火折尊は火照尊にそれぞれの道具を交換してみることを提案。火照尊は渋ったものの、最終的にこれを受け入れ、二人は道具を交換する。しかし、火折尊は兄の釣針で魚を釣ろうとしたものの一匹も釣れず、さらに、その釣針を海の中に紛失してしまった。

結局、火照尊も獲物を捕えることができず、弟に道具の返却を求めたが、火折尊は釣針をなくしてしまって返すことができない。このため、火照尊は激怒し、火折尊が自分の剣から一千の釣針をつくっても、頑として受け取ろうとはしなかった。

このため、火折尊は塩椎神に小船を作ってもらい、海神・綿津見宮《わたつみのみや》を訪ねた。海神の宮殿（＝いろこの宮）に赴くと、海神の娘・豊玉姫の侍女が水を汲みに外に出て来たので、火折尊は水を所望。そこで、侍女が水を汲んだ器を火折尊に差し出すと、火折尊は水を飲まずに首にかけていた玉を口に含んでその器に吐き入れた。この玉が器にくっついて離れなくなったので、侍女は豊玉姫に事情を説明。不思議に思って外に出てみた豊玉姫は火折尊に一目惚れし（この場面を表現したのが、青木繁の名画「わだつみいろこの宮」である。図16）、二人は結婚して海神の元で三年間暮らした。

しかし、豊玉姫と暮らしている間も火折尊は故郷のことが忘れられなかったため、豊玉姫が海神に相談したところ、海神は火折尊に助言を与え、故郷に帰した。火折尊が出立する際、豊玉姫は「自分は妊娠していて間もなく子供が生まれるでしょう。私は荒天の日に出産のため海岸に出ていきますから、私のために子供を産むための小屋をつくり、待っていていただけませんか」と頼んだ。

図16　わだつみいろこの宮

その後、豊玉姫は約束の通り、妹の玉依姫を従えて出産のため海岸にやってきた。出産に際して、豊玉姫は火折尊に決して出産時の自分の姿を見ないように頼んだが、火折尊は我慢できずに盗み見てしまう。すると、ヤヒロワニ（八尋和邇、八尋大熊鰐）の姿となった豊玉姫が腹這い、蛇のようにうねっているのが見えた。

出産時の姿を見られた豊玉姫は火折尊とは関係を断ち、子を草でつつんで海辺に捨てて海途を閉じ、海底へと去っていった。この時生まれた子が〝彦波瀲武鸕鷀草葺不合《ひこなぎさたけうかやふきあえず》〟で、彦波瀲武鸕鷀草葺不合は玉依姫と結婚して二人の間に〝神日本磐余彦尊《かむやまといわれびこのみこと》〟。後の神武天皇が生まれる。

したがって、神武天皇は海神の血を引く者ということになり、ヤヒロワニを龍神の一種と考えるなら、天皇家には龍神の血が流れていることになる。

ただし、中国では龍が皇帝そのものの象徴とみなされていたのに対して、日本では天皇はあくまでも母系の先祖が龍（神）の血統に連なる人間であり、龍が君主本人の象徴というわけではない。

　実際、万世一系の天皇家にとって重要なのは、男系の皇統が維持されていることであって、母親の出自はさほど重要な問題とはならないから、天皇の母が龍であることをもって龍が天皇を象徴することにはならない。これは、どれほど藤原摂関家が天皇と外戚関係を築き、政治権力を独占しようとも、摂関家からは天皇を輩出できないのと同じことである。

　西暦六世紀に仏教が伝来し、やがて人々の間に定着していくと、龍はその力強さのイメージから〝仏法の守護者〟という意味あいが強くなり、さらに、法華信仰とも結びつき、龍神ないしは龍王として、農業にとって重要な雨を司る存在とみなされるようになる。

　たとえば、興福寺で天燈鬼とともに、仏たちの住む天上界を魔障から守る門番をしている龍燈鬼（図17）は、本来は四天王に踏みつけられる悪・仏敵の象徴であった邪鬼を独立した像としたもので、胎内の紙片の記載から、建保三（一二一五）年、康弁（運慶の三男）により制作された。

　天燈鬼と龍燈鬼は一対で阿吽形を示しているが、吽

図17　龍燈鬼

形の龍燈鬼は腹前で手を組み、右手は上半身に巻きついた龍の尻尾をつかみ、頭上の燈籠を上目づかいににらんだ構図を取っている。鬼とともに龍が仏敵から仏を護る役割を果たしていることがわかる。

　一方、龍王と農業の関係については、たとえば、甲斐の国つくり神話が興味深い。

　すなわち、この神話によると、第二代天皇にあたる綏靖天皇の御代、甲府盆地は龍王の支配する泥湖の底にあった。あるとき、湖のほとりを通りかかった一人の地蔵が、この湖の水を海に流して耕地を拓いてやれ

ば、貧しく暮らすこの地の人は喜ぶだろうと考え、二人の神と相談のうえ、湖の主である龍王に頼んだところ、龍王はこれを聞きいれて昇天。二人の神に不動明王も加わり、地蔵の計画に沿って、山を割って湖の水を落とし、岩を穿って富士川に流して甲斐の国がつくられたという。

この神話には、不動明王（平安時代初期の西暦八世紀、空海によって日本にもたらされた）や地蔵菩薩（日本に伝来したのは飛鳥時代と考えられるが、平安時代以降、徐々に人々の間に浸透し、平安後期に末法思想が流行してから、衆生を救う救済の仏としての信仰が確立した）が登場しているから、平安後期以前に物語が成立していたとは考えにくい。また、綏靖天皇の御代と時代を設定していながら、龍王は天皇や皇族と無関係の存在として物語は進められている。

さて、この神話にちなみ、人々の幸福のために快く願いを聞き入れてくれた龍王の姿をかたどった玩具として作られるようになったのが龍神招福（図18）である。

この玩具では、板を組み合わせてつくられた龍は、口が開閉できるようになっており、尾の部分には「甲州鎮護　追難招福」と印刷した紙片が張り付けられている。火気あれば水を呼び、旱魃あれば雨を呼び、諸病を払い、願い事を聞き入れてくれる守り神として、厄除けの縁起物として家の柱にかけられている。

龍神招福の由来となった甲斐の国つくり神話には、日本独自の神仏習合の考え方が色濃く反映されているが、神仏習合という点で興味深いのは日光東照宮薬師堂の〝鳴き龍〟（図19）であろう。

日本の天台宗には、もともと、本地垂迹説（仏や菩薩が衆生を救うため、日本の神々という仮の姿で現れたと説明する考え方）に基づき、山王権現は釈迦が姿を変えたものという〝山王神道説〟という考え方があった。

図18　“龍神招福”の郷土玩具を取り上げた昭和39年用の年賀切手

図19　1968年に発行された日光東照宮陽明門の40円切手の下部には、簡略化された鳴き龍が描かれている。

日光東照宮の造営を指揮した天台宗の高僧、天海は、この山王神道説を独自に解釈し、山王権現は大日如来（仏の最上格）にして天照大神（日本の神の最上格）であると主張した。そのうえで、天海は徳川家康の御霊を天照大神（天から世界を照らす存在）と同格の東照大権現とし、東照大権現は東方薬師瑠璃光如来（薬師如来。東から世界を照らす存在）が姿を変えたものであり、家康は薬師如来の生まれ変わりとした。

そこで東照宮では、東照権現にして薬師如来でもある家康を祀るために薬師堂を建立し、檜板を三十四枚はめ込んだ鏡天井に狩野永真安信が水墨画風の巨大な龍を描いた。

ところで、仏教寺院の天井に龍が描かれるのは、

①水を司る龍神を描くことで建物を火災から守る

②雨を降らせる能力を持つ龍にあやかり、〝法の雨〟を降らせる（＝仏の教えを、万物を潤す雨になぞらえ、仏教を広め、衆生を救うことを意味する表現）のを可能にする

ことを願ってのこととされる。

なお、薬師堂の龍の天井画は、龍の顔の下で拍子を打つとその音が共鳴して鈴の音のようにも聞こえることから、〝鳴き龍〟ないしは〝鈴鳴龍〟と呼ばれているが、これは創建当初から命名されていたものではなく、明治三十八（一九〇五）年頃、東照宮の一般公開に先立ち、掃除をしていた職員が天井に住みついた鳩を追い出すために手を叩いたところ、龍が泣いているような反響が聞こえる現象を発見したのをきっかけに広まった名称である。

いずれにせよ、日本の寺院での龍はあくまでも天候や水を司る存在として描かれているのであり、そこから五穀豊穣を連想させることはあっても、天皇や朝廷の権威との関連は甚だ希薄である。

こうしたことを踏まえると、龍切手の周囲に雷紋が描かれていることの意味が容易に理解できる。

雷紋は古代中国で雷を図案化したものがその起源で、文様の一つずつは〝□（四角）〟で囲われた構成になっているため、その□の中に鬼や悪魔が来ても、雷紋で囲われた内側には入ってこられないということから、魔除けの意味が込められている。

中国では古代の青銅器などにも使われていた文様だ

が、日本へはまず有田に伝わって焼き物のデザインとして取り入れられ、江戸時代以降、そこから全国へと波及した。ちなみに、ラーメンの丼などに広く使われるようになったのは、第二次世界大戦後のことである。

いずれにせよ、龍と雷の組み合わせは、まさに、龍切手の龍が天候を司る龍神ないしは龍王であることを示すものであって、龍を天子の象徴と見なす世界観とは明らかに異質のものであることが確認できる。

龍切手の終焉

さて、龍文切手の発行から約二ヵ月後の明治四年五月十日、新貨条例が発せられた。その眼目は以下の通りである。

- 貨幣の基準単位を〝両〟から〝圓（以下、円）〟に切り替える。新一円は旧一両とする。
- 旧貨幣は漸次廃止する。
- 補助単位として〝銭〟と〝厘〟を導入。一円は百銭、一銭は十厘で、十進法とする。
- 本位貨幣を金貨とし、一円金貨を原貨とする。
- 一円金貨の含有金を純金二三・一五ゲレイン＝一・五グラムとする（一米ドルに相当）とする。

図20　龍銭切手

新貨条例に合わせて、明治四年十二月より、旧貨幣（万延二分判・一分銀・寛永通寳・天保通寳など）と新銭貨との交換が、紙幣に関しては、明治五年四月一日より旧藩札・太政官札・民部省札と新紙幣（明治通宝）の交換が開始された。

通貨の変更に伴い、切手の額面部分を文位から銭位に（具体的には、四十八文を半銭に、百文を一銭に、二百文を二銭に、五百文を五銭に）変更したものが明治五年二月から発行された。いわゆる龍銭切手である（図20）。

ところで龍切手は、技術的・時間的制約が大きかったために天皇の肖像を切手に取り上げる余裕がなかったがゆえの産物であったことはすでに述べた通りだが、郵便創業時の切手に天皇の肖像が取り上げられなかったのには、もう一点、重要な理由がある。

それは、政府が公式に認定した天皇の肖像（＝御真影）というものが、明治四年の時点では、まだ存在していなかったということである。

明治政府が、天皇の公式の肖像をつくる必要に迫られたのは、実は、国内政策の面からではなく、外交上の要請からであった。

図21　グラント

すなわち、明治五（一八七二）年一月、不平等条約改正の下交渉のために米大統領のユリシーズ・グラント（図21）と会見した岩倉使節団は、このとき初めて、欧米諸国との友好に際して、国家元首の写真を交換するという外交儀礼が存在することを知った。

そこで、使節団の副使であった大久保利通と伊藤博文が急遽帰国し、明治天皇の肖像写真を携えて再渡米しようとしたのだが、天皇の写真撮影はかなり遅れて間に合わず、大久保と伊藤は御真影を持たぬまま、米国に残った岩倉具視の元に戻っている。

その後、同五月から七月にかけて、明治天皇は大阪・中国・九州を巡幸した（図22）。

江戸時代までの標準的な日本人の世界観では、〝一番偉い人〟といえば、地元の藩の殿様であり、その上に、徳川幕府の将軍、すなわち公方様がいるということがぼんやりと認識されているだけで、天皇や皇室についてはもちろん、多くの日本人はその存在は知っていたものの、それが〝公方様よりも偉い人〟であるという

図22　明治5年の明治天皇の九州巡幸のうち、鹿児島到着の場面を取り上げた絵葉書。元になった絵画は、明治神宮外苑の聖徳記念館にある明治天皇の生涯を表現した作品の1枚。

認識が浸透していたかどうかは疑わしい。

このため、明治政府としては、何よりもまず、一般の国民に天皇を見せ、その存在を知らしめることに最大限の精力を傾けなければならず、天皇の巡幸を企画したのである。

その後、天皇が巡幸から帰京した七月末になって、ようやく、写真家・内田九一によって、天皇と皇后の最初の肖像写真が撮影され、その写真がまずアメリカに送られた。これが、世界に発信された公式の天皇・皇后像の最初のものとなる（図23）。

こうした状況の下で、明治五年五月、英国出身のお雇い外国人で造幣寮首長の職にあったトマス・キンダー（キンドルとも）は、貨幣に明治天皇の肖像を刻むことを建議した。

ちなみに、造幣寮というのは現在の独立行政法人・造幣局に相当する組織で、コインの鋳造を担当する。本局の所在地は、設立当初から現在に至るまで、大阪である。

図23　内田が撮影した明治天皇の写真をもとに作られたアメリカのシガレット・カード（タバコのオマケとしてつけられたカード）

図24　旧造幣寮正面玄関。切手が発行された昭和58（1983）年の時点では、桜宮公会堂の玄関として使われていたため、切手上の表記もそのようになっている。

造幣寮の心臓部ともいうべき金銀貨鋳造場は香港造幣局鋳造場の図面を忠実に再現したもので、明治三(一八七〇)年、英国人技術者ウォートルスの設計により完成した。昭和二(一九二七)年に老朽化のために建物が改築される際、その正面玄関部分(図24)は解体の上、保存されることになり、昭和十(一九三五)年、明治天皇記念館の設立に際して移築された。同記念館は、第二次大世界戦後、桜宮公会堂と改称された。現在は、〝旧桜宮公会堂〟の名で、レストラン・結婚式場などが入った民間施設として利用されている。

さて、キンダーの主張を要約すると、次のようになる。

世界各国の貨幣には国王の肖像を模刻するのが普通一般である。その肖像を入れることは、君主が国民を仁愛することを意味し、また国民が君主に対し尊敬の念を抱くことになり、ひいては貨幣尊重の気持ちを高めるのである。日本の貨幣は彫刻が緻密で、精巧である(図25)が、全く世界の通議に反していて君臣相親しむという趣旨に欠けている。アメリカも日本の新貨幣に天皇の肖像がないのを惜しんでいるから、このさい天皇の肖像を用いるようにされたい。

キンダーは元香港造幣局長で、香港の英国系銀行のオリエンタル・バンク(東亞銀行司)が日本政府の要請を受けて、造幣寮首長として斡旋した人物である。

オリエンタル・バンクの前身は、一八二〇年代にインドのボンベイ(ムンバイ)で開業した西インド銀行で、中国本土での銀行業務を行うため、アヘン戦争の講和条約として一八四二年に南京条約が結ばれると、開港地の上海と広州に支店を開設。一八四五年には組織を

図25　キンダーが“彫刻が緻密で精巧”と評した1円銀貨。通称・円銀。

改変し、香港支店を開設するとともに、五万六千ドル（香港ドル）相当の紙幣を発行した。

　植民地である香港には、厳密な意味での中央銀行は存在しなかった。このため、後に実質的に中央銀行の役割を担う香港上海銀行を中心に、いくつかの銀行に紙幣の発行券が認められていたのだが、オリエンタル・バンクの紙幣は、香港で発行された最初の紙幣であった。

　一八四〇年代から一八七〇年代にかけて、オリエンタル・バンクは五ドル、二十五ドル、五十ドル、百ドルの紙幣を発行し、香港金融界をリードする存在であったが、コーヒー相場での投機に失敗し、一八八四年に破産。現在では、同行の発行した紙幣や小切手（図26）などで往時をしのぶことができるだけとなっている。

　キンダーのように、欧米の通貨の伝統に染まって生きてきた人物からすれば、近代国家を目指す明治政府の貨幣に、天皇の肖像を入れるということは当然のことであった。

　このキンダーの提案は、当時としては、日本人の誰もが思いつかなかった斬新なアイディアとして受け止

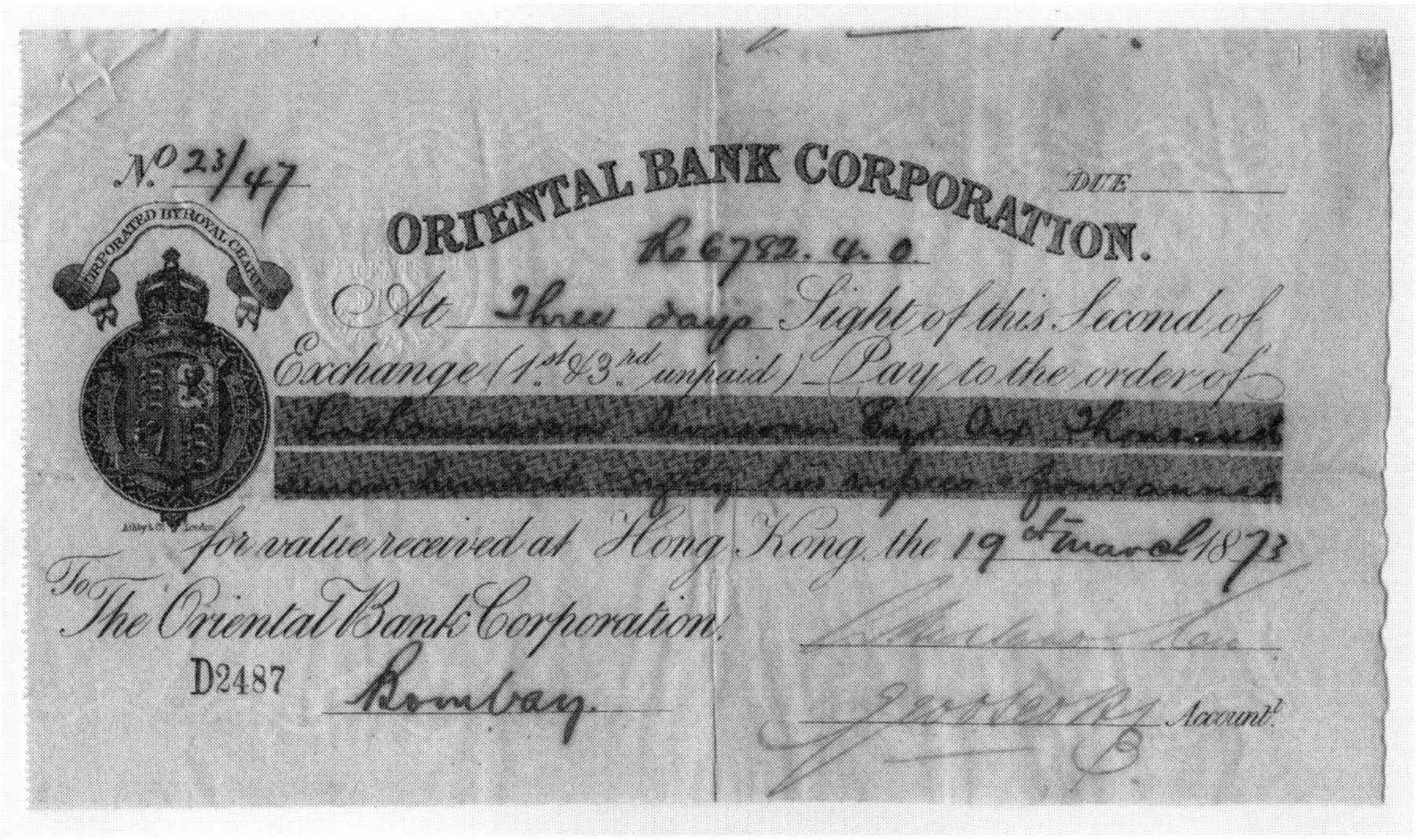
No. 23/47
INCORPORATED BY ROYAL CHARTER
ORIENTAL BANK CORPORATION.
DUE
Rs 6782. 4. 0
At Three days Sight of this Second of Exchange (1st & 3rd unpaid) Pay to the order of
[redacted]
for value received at Hong Kong, the 19th March 1873
To The Oriental Bank Corporation
D2487
Bombay
Accountt

図26　オリエンタル・バンク香港支店の小切手。1873年3月に振り出されたもの。

められた。そして、これに対して、大蔵大輔の井上馨をはじめ、政府高官の中でも、日本の〝近代化（＝西洋化）〟に熱心なメンバーは賛意を示している。当時の日本政府は、造幣寮の建物さえ、香港造幣局の図面を忠実に再現したほどであったから、その香港の造幣業務のトップだったキンダーの提案であれば、一も二もなく採用するのが当然という空気も強かったのだろう。しかし、キンダーの建議は、結局、宮中の反対が強く、結果的に却下されてしまう。

反対の理由は、誰がいかなる状況で触れるか分からない、貨幣のようなものに、天皇の肖像を入れることに対して、宮中が生理的な嫌悪感を示したからとされている。

これが、貨幣同様、政府の発行する切手にも敷衍されて、〝御真影を切手に印刷するのは畏れ多い〟という論調のルーツとなったことは間違いない。

さて、キンダーの建議が却下され、とりあえず、切手や紙幣に天皇の肖像を入れるというプランが公式に頓挫したのと時を同じくして、郵便に関しては、前年発行の龍切手の改善が真剣に論じられるようになっていた。

突貫作業で調製された龍切手は、印刷物としての出来栄えやデザインの巧拙とは別の次元で、近代国家の切手としての体裁を整えていなかったからである。

すなわち、明治五年に発行された龍銭切手には、目打が入れられ、さらに、一部の切手には裏糊も付けられるようになったが、それでも、この切手には国名の表示もなければ、切手本来の役割である、郵便料金の前納の証紙であることを示す表示もなかった。また、額面の数字が漢数字のみで表示されていることから、横浜などに居留していた外国人の利用者からは不便であるとの苦情が絶えなかった。

このため、明治五年六月、郵便切手の表示と算用数字の額面を表示した新たなデザインの切手の発行が決定され、その最初の切手が同年八月二十三日から発行された。

以後、明治八（一八七五）年までに発行された切手は、デザイン上のバリエーションはあるものの、いずれも四隅に桜の花が描かれているため〝桜切手〟（図27）と総称されている。なお、しばしば誤解されるが、切手の中央に描かれている植物は、桐の枝を描いたもので、こちらは桜ではない。

桜切手は、まず中央に〝郵便切手〟の文字が入り、それが郵便料金前納の証紙であることが明示された。そして、日本ないしは大日本帝国といった国号の表示はなかったものの、十六葉の花弁のついた菊花紋章（皇族の中でも、特に天皇家を示す）が入れられ、明治政府は、ようやく切手を通じて自らが天皇の政府であることを宣言している。以後、第二次世界大戦後の昭和二十二（一九四七）年にいたるまで、日本の切手には菊花紋章が必ず入れられることになった。

龍が天皇の象徴であるなら、桜切手の発行後も龍のデザインが引き続き切手に採用されていても良いはずだが（実際、清朝では時代の変遷とともにさまざまなタイプの龍が切手に描かれている）、桜切手の中で龍が描かれているのはごく一部でしかない。さらに、そのデザインは〝雨龍（雨を降らせる龍）〟と呼ばれており（図28）、やはり、当時の人々にとっては、君主の象徴というよりり、龍といえば龍王ないしは龍神として水と天候を司る存在としてのイメージが強かったことがうかがえる。

ここで改めて、龍切手のザインの原型となったと思われる太政官札を見てみると、龍の上に対処されている額面数字は、菊花紋章と五三桐（元は朝廷の紋章で、明治政府の紋章としても用いられた）を組み合わせた唐草模様の枠に囲まれている。

仮に、龍が天子の象徴と認識されているなら、わざわざ菊花紋章を併置させる必要はないし、ましてや五三桐を龍の上に置くことなど絶対にありえない。この点からも、わが国における天子の象徴はあくまでも菊であり、龍ではなかったことが確認できる。

図 27　1872 年に発行された桜切手のうち、最初に発行された 1 銭切手。

図 28　“雨龍”の切手

第3章　青龍・飛龍と南北対立（朝鮮半島）

水神と龍王

朝鮮では龍を指す単語として、漢字に由来する〝ヨン〟のほか、漢字伝来以前から用いられている固有語として〝ミル〟という語があるが、このミルは〝水〟を意味する〝ムル〟と語源が同じと考えられている。

これは、龍が水神であると同時に、雨をつかさどる神として、池、川、海のような水中で暮らし、風雨を起こし、風雨を伴って移動する存在と考えられてきたことと無縁ではなかろう。

実際、朝鮮王朝時代の『東国與勝覧』には、旱魃が続くと、龍井（リョンチョン、現在は中国の延辺朝鮮自治州）、龍潭（リョンダム、現在は北朝鮮）、龍淵（ヨンヨン、済州）、龍池（ヨンジ、慶尚北道）、龍湫（ヨンチュ、忠清北道）など、龍にちなんだ土地で雨乞いの儀式をしたという記録もある。

また、済州・龍淵の龍頭岩には、龍宮に住む龍が漢拏山の神玉を盗んで帰ろうとしたところ、神の放った矢によって岩にされたとの伝説もある。

一方、朝鮮の伝統的な世界観では四海は四人の〝龍王（四海龍王）〟が治めているとされてきた。具体的には、

東海龍王：敖廣、廣徳王
南海龍王：敖欽または敖紹、廣利王
西海龍王：敖閏、廣潤王
北海龍王：敖順または敖炎、廣澤王

である。

彼らの真の姿は龍だが、普段は人間風の龍として、龍宮（水晶宮）でエビやカニたちに守られて過ごしており、海を統治すること以外に、雲と雨を操り、怒らせ

ると、都市を洪水にすることもできる。なお、四海龍王のなかでは、東海龍王が最も大きい領土を治めている。

龍王については、駕洛国《から》（金官加羅）の王・首露王のもとに阿諭陀国の許黄玉《きょこうぎょく》が嫁いだ際、彼女を乗せた船を守護したという伝説が残されている。

韓国最大の氏族である金海金氏は金官加羅の王・首露王を祖とするとされているが、その妃として王との間に十人の息子をもうけたとされる許黄玉は、もともと、阿諭陀国と呼ばれていたサータヴァーハナ朝（紀元前三世紀から紀元後三世紀にかけてデカン高原を中心にベンガル湾とインド洋を結ぶ中央インドの広い範囲を支配し、ローマ帝国と盛んに海上交易を行った王朝）の王女だったと伝えられている。ちなみに、金海許氏は、許黄玉の産んだ十人の王子の内、許の姓を与えられた二人を起源と主張している。なお、インド出身の彼女が許と呼ばれているのは、インドの神殿に仕える巫師の職名〝フォ〟を音訳したものと考えられている。

高麗時代末期の十三世紀末にまとめられた『三国遺事』に抄録された『駕洛国記』（原本は散逸して存在せず）によると、首露王は、亀旨峰の六個の金の卵から生まれ、後漢・光武帝の時代の建武十八年（西暦四二年）から同・献帝の建安四年（一九九年）に崩御するまで、百五十八年間にわたって国を治めた。この間の建武二十四年（西暦四八年）、十六歳の許黄玉が阿諭陀国から船で伽耶《かや》へ嫁ぎ、彼女は後漢の中平六年（西暦一八九年）に百五十歳を越える長寿で亡くなったと記されている。

『駕洛国記』は、金官加羅国の滅亡から約五百年後の一〇七六年、知金州事の金良鎰《きんりょういつ》により編纂されたもので、王が卵から生まれたとの記述があるなど、史書としての信憑性にはかなり疑問がある。

このため、許黄玉の物語も、長らく伝説の域を出ないと考えられてきたが、二〇〇四年、ソウル大学医学部のソ・ジョンソン教授と翰林大学医学部のキム・ジョンイル教授が、「許黄玉の子孫と推定される金海にある古墳の遺骨からミトコンドリアＤＮＡを抽出して全体の塩基配列を分析した結果、四つの遺骨のうちの一つは、韓民族のルーツであるモンゴル北方系とは異なり、インド南方系だった」と報告したことで、少なくとも、

図１　韓国とインドで共同発行された許黄玉の切手。韓国側のデザインした切手には、彼女の航海を守護する龍王も描かれている。

金官加羅国の王族にインド系の血が混じっていることは確認された。

こうしたことを踏まえて、二〇一九年、韓国とインドで、許黄玉を題材に、両国の歴史的な紐帯をアピールする切手が同時発行された（図１）。

一九四七年に英国から独立したインドでは、当時のネルー政権が、経済的不平等の是正を主とした〝社会主義〟を公約に掲げ、〝（ソ連寄りの）非同盟・中立〟を外交の基本に据えていたため、韓国との正式な国交樹立は一九七三年のことだったが、一九五〇年六月に勃発した朝鮮戦争では、国連の求めに応じて、戦闘部隊ではなく、医療支援のための第六十インド降下兵救難中隊を一九五〇年十一月に派遣した。

一九五二年五月七日、共産側の捕虜の送還問題をめぐって板門店の休戦交渉が紛糾すると、翌八日、韓国・慶尚南道の巨済島に置かれていた捕虜収容所で大規模な暴動が発生した。暴動はすぐに鎮圧されたが、その後、収容所の管理は米軍から英連邦軍に移管され、その実務は〝中立国〟のインド軍が担うことになった。

休戦後の捕虜交換に際しては、捕虜たちはいったんインド軍に引き渡され、その監視の下で、国連側・共産側双方から十分な説明をさせ、本人の自由意思で帰国すべきか否かを決めさせた。

こうしたこともあって、両国間で正式な外交関係が樹立される以前から、インドは韓国と友好的な関係にあった。一九九七年の通貨危機に見舞われた韓国は金大中政権下で社会のＩＴ化を急速に進めたが、それと並行して韓国産業界はインドのソフトウェア技術との協力関係を強化し、最終的に二〇〇九年の包括的経済パートナーシップ協定締結につながった。その結果、韓国の対印輸出も急増し、二〇一二年以降、韓国の対印貿易黒字は増加傾向が続き、二〇二一年には、インドは韓国にとって、香港、ヴェトナム、中国、米国に次ぐ五位の貿易黒字相手国・地域になっている。

また、この間の二〇一七年十一月には、文在寅政権が「新南方政策」を発表。従来、朝鮮半島を取り巻く日米中露の四国を中心としてきた外交の基軸を〝新南方地域（ASEAN十カ国とインド）〟に拡張することで、外交の自由度を高める（＝経済的な対中依存度を低減させる）方針に転換した。

許黄玉の切手は、こうした背景の下、両国の友好関係が古代にまでさかのぼることをアピールする意図を込めて発行されたのである。

さて、発行された切手は二枚一組で、韓国側が制作したデザインが、龍王に守られながら婆娑石塔を積んで進む東洋風の船を背景に王妃としての正装をした許の姿を描いているのに対して、インド側が制作したデザインは、彼女がインドの民族衣装で婆娑石塔の前に立つ姿を描いている。服装や年齢の差もあって、とても同一人物には見えないが、そこはお国柄が現れたものと考えると興味深い。

両方の切手に共通で描かれている婆娑石塔は、彼女が航海の安全を祈願してインドから積んできたものとの伝承があり、慶尚南道文化財資料第二二七号として、彼女の陵墓とされる金海の首露王妃陵の前に保存されている。

江西大墓の青龍

許黄玉が龍王に守られて朝鮮まで渡ってきたというのは物証のない伝説だが、朝鮮において実際に龍の姿が表現された古代の事例としては、現在は北朝鮮の支配下に置かれている江西大墓の壁画が有名だ。

江西大墓は、平壌から車で一時間半の平安南道江西郡にあり、これに寄り添うように並ぶ中墓と小墓をあわせて江西三墓と総称されることもある。大墓は直径五一メートルの大型円墳で、玄室は一辺三・一メートルの花崗岩を積み上げた正方形で、五九〇年に没した平原王が埋葬されていたと考えられている。

壁画は石の表面に直接描かれ、漆喰は用いられていない。このうち、四神図は東西南北の壁一面に、写実性の高い描写で大きくダイナミックに描かれており、高句麗墓壁画最高峰の傑作として有名だが、わが国でキトラ古墳が発見された際、両者の壁画の類似性から、一時期は日本のマスメディアでもさかんに紹介された。

ちなみに、江西大墓の壁画が文化遺産として広く人々に知られるようになったのは、旧大韓帝国時代の一九〇〇年頃のことで、本格的な内部調査と壁画の模写制作は日本統治時代の一九一二年から開始された。

朝鮮総督府博物館からの依頼を受けて模写を担当した東京美術学校の小場恒吉と太田福蔵は、当時の壁画の状態を忠実に（＝損傷しているところは損傷した状態のまま）に、実物大の模写図を制作。現在、模写図はソウルの国立中央博物館の所蔵品となっている。

北朝鮮国内にあるオリジナルの古墳壁画の劣化が相当に深刻化している現状では、国立中央博物館の模写図は芸術性もさることながら、史料的価値も極めて高い。その意味では、壁画の正確かつ緻密な模写をソウルにも残した二人の日本人画家の功績は、高く評価されてしかるべきだろう。

図２　江西大墓の青龍壁画を取り上げた韓国の500ウォン切手。

江西大墓の青龍図は一九六五年に韓国の普通切手（額面は五百ウォン。図2）に取り上げられたが、この年は、韓国の〝青龍部隊〟が南ヴェトナムへ派遣された年でもある。

第二次世界大戦の終結直後の一九四五年から始まった第一次インドシナ紛争は、一九五四年七月二十一日に締結されたジュネーヴ協定により、旧宗主国のフランスがインドシナから全面撤退し、ヴェトナムは北緯十七度線を軍事境界線として、ヴェトナム民主共和国（北ヴェトナム）とヴェトナム共和国（南ヴェトナム）に分断された。

このうちの南ヴェトナムに誕生したゴ・ディエン・ジェム政権に対して、米国は〝反共の防波堤〟としての役割を期待し、多額の援助を投入したが、ジェム政権は国内での独裁傾向を強めて反対派を弾圧。こうしたジェム政権に対する不満から、南ヴェトナムの農村では半ば自然発生的に抵抗運動が発生し、その統一組織として一九六〇年に結成された南ヴェトナム解放戦線（ヴェトコン）を北ヴェトナムが支援するという形で南ヴェトナム情勢は不安定化した。

このため、米国のケネディ政権は、一九六一年五月、南ヴェトナム支援のために特殊部隊四百人と軍事顧問百人の派遣を決定。小規模ながら、ヴェトナムへの軍事介入を開始した。以後、解放戦線の予想を上回る活動に接した米国は、なし崩し的にヴェトナムへの軍事介入を強化していくことになる。

さらに、一九六四年八月、トンキン湾での米軍艦艇に対して北ヴェトナム軍が攻撃したとされる事件（トンキン湾事件。後に、事件の一部は米国の謀略だったことが判明）を機に、米議会は戦争拡大を支持。翌一九六五年、米国は北ヴェトナムによる南ヴェトナム解放民族戦線への援助阻止を主張して北ヴェトナム爆撃（北爆）と南ヴェトナムへの増兵を開始し、ヴェトナム戦争の泥沼に突入していった。

トンキン湾事件後のヴェトナム情勢の緊迫化に伴い、一九六四年十月、韓国は南ヴェトナムに韓国軍を派遣する協定を締結。翌一九六五年一月八日、韓国政府は非戦闘員から構成された韓国軍事援助団（鳩部隊）二千人の派遣を発表し、同二十六日の国会承認により同部隊の派遣が正式に決定された。

鳩部隊は、もともとは南ヴェトナムの戦災復旧を任務とする工兵部隊で、本格的な戦闘を行うことは想定されていなかったが、戦争が長期化・泥沼化すると、韓国は、米国と南ヴェトナムの要請に従い、一九六五年八月には戦闘師団として青龍部隊と猛虎部隊の派遣を決定した。

韓国軍のヴェトナム派兵については、韓国内でも反対意見が少なくなかったが、政府は、自由主義陣営としての責任と、朝鮮戦争に際して韓国が国連軍の支援を受けたことへの報恩という名分の下にこれを退け、一九七三年までに四十万もの兵力が派遣されている。

〝青龍〟と〝猛虎〟という部隊名は、それ自体、勇猛なイメージを与えるものだが、実在の動物である猛虎に対して、想像上の存在である青龍については、多くの韓国人は江西大墓の壁画のイメージで理解しているだろう。

その江西大墓は民族の至宝ともいうべき文化遺産であるにもかかわらず、現在は心ならずも〝北傀（北朝鮮の蔑称。半島北部を不法占拠しているソ連や共産中国の傀儡政権の意）〟の管理下に置かれている。当然、いずれ南北統一を達成し、北朝鮮に奪われた文化遺産も、その正当な所有者である韓国が取り戻さねばならない（というのが、建前である）。

したがって、江西大墓の青龍の壁画を切手に取り上げることで、韓国政府としては、朝鮮半島の唯一合法政府である自分たちこそが壁画の正当な所有者であることを内外に示すとともに、国民の意識を南ヴェトナムで共産勢力と戦っている最中の〝青龍部隊〟に向ける効果を期待したのではないかと考えられる。

なお、ヴェトナムへの派兵開始直後の一九六五年二月、韓国は米国に対して〝見返り〟を要求。その具体的な内容は、同年五月の朴正熙＝ジョンソン（米大統領）会談で検討され、駐韓米軍の維持、対韓軍事援助の増額、韓米越の三角経済協力などが了承された。

こうした米国からの見返りに加えて、戦争関連物資の韓国での調達や、ヴェトナムに派遣された兵士による本国へのドル送金などは、同じく一九六五年の日本との国交正常化に伴う巨額の経済援助ともあいまって韓国の経済成長に大きく貢献した。

その結果、青龍の五百ウォン切手は、〝漢江の奇跡〟と呼ばれた韓国の高度経済成長の幕開けを象徴する一枚ともなったといってよい。

高麗と龍

朝鮮には、国祖や君主、氏族の祖などの貴人が水神としての龍の子であるという神話がいくつかあり、たとえば、新羅の脱解王（在位五七―八〇年）は龍城国の王と積女国の王女の子とされている。また、百済の武王（在位六〇〇―六四一）の母親は寡婦で、都の南にある池のほとりで生活していたときにその池の龍と通じて生まれた子とされている。

しかし、龍の血を受け継ぐとされる者の中でも最も有名なのは高麗の太祖、王建の物語だろう。

王建の祖父にあたる王帝建は、唐の皇帝の粛宗または宣宗が新羅に来た際、新羅人女性の康辰義との間に儲けた子とされている。（歴史的事実としては、中国京兆郡出身の康叔を祖とする康一族の康忠の子、康宝育は姪の徳周を娶って康辰義を儲け、康辰義と氏名不詳の中国人との間に生まれたのが王帝建である）。

父のいない環境で育った王帝建は父を探すため唐に渡ろうとしたが、その途上の黄海で四海龍王（『聖源録』によれば、中国平州の出身で新羅時代に〝角干〟の位を与えられた頭恩坫）の娘の龍女（後の元昌王后）と出会い、彼女との間に息子の王隆が生まれた。

王隆は長じて松嶽（ソルガム・現在の開城）を拠点に貿易で財をなし、韓氏という女性との間に息子の王建を儲けた。王建は乾符四年（新羅の憲康王三年＝八七七年）一月三十一日に生まれたが、そのとき母はすでに亡くなって埋葬された後だった。生まれたばかりの赤ん坊だった王建は、棺の蓋や墓石を押しのけて地上に出たとされている。

王建は新羅への叛乱軍の指導者で後高句麗を建国した泰封王・弓裔《きゅうえい》に仕えていた。弓裔は自らを弥勒菩薩と称していたが、暴君であったため、九一八年、部下の洪儒、裵玄慶、申崇謙、卜智謙らによって追放され、松嶽城主・鉄原太守を歴任した王建を新たな指導者として擁立した。

こうして創建された高麗王朝は、弥勒菩薩を凌駕する権威として、王建が〝龍種〟であるとして上述のような神話を流布させた。

一方、王建は仏教を国教とし、都の開京（開城）に多くの寺院を建築し、九四三年に亡くなる一ヵ月前に遺した『訓要十條』でも「仏教を崇尚し、国家が保護する」、「仏に仕える燃燈会と、山河の神に仕える八関会をよく行う」と謳っていた。

他の国・地域同様、朝鮮の仏教においても、龍は八部衆（仏法を護る八つの神将）のひとつとされ、仏法とともに国家を守護する神将、護法龍、護国龍として信仰の対象になっていた。

新羅律宗の創始者として知られる僧、慈蔵は唐に留学していた間（六三六―六四三年）、神人から「（現在の慶州市九黄洞にある）皇龍寺の護国龍は自分の長男で、その寺を保護しているから、帰国してその寺に九層塔を建てれば（高句麗や百済、倭人などの）外敵の憂い

図３　金銅龍頭寶幢を取り上げた800ウォンの普通切手

図４　ソウル国立博物館の青磁飛龍型注子

はなくなり、国は太平となる」との託宣を受け、帰国後、善徳女王にその旨を建議した。善徳女王はこれを容れ、百済の名工、阿非知を招いて塔を建てることにしたが、阿非知は本国の百済が滅ぶ夢を見て作業を中断した。すると、突然地面が大きく揺れて周囲が暗くなり、老僧と豪傑が出現して柱を立てて消えてしまった。そこで阿非知は作業を再開し、塔を完成させた。

完成した塔には護国龍が宿り、塔の建立から二十三年後の六六八年、新羅は唐の霊験により三国統一を達成したとされ、九層塔は〝新羅三宝〟の一つとされるに至った（後、モンゴルの侵攻により焼失し、現在まで再建されていない）。

高麗初期に作られた金銅龍頭寶幢《ほうどう》（図３）もまた、そうした護国龍への信仰が表現された仏具の名品である。

寶幢とは宝珠で装飾された幢竿のこと。寺院では法会などの儀式の際、幢とよばれる旗を寺の入り口に設置した柱に掲げる。この柱が幢竿で、後に仏殿に置くための小品としてもつくられるようになった。切手に取り上げられた寶幢は青銅・鍍金で高さは一〇四・三センチ。八つの円筒を積み上げ、その頂上の節に龍の鱗が刻み、幢竿の先に龍頭の装飾が施されている。

ところで、高麗を代表する文化財といえば青磁だが、その傑作のひとつとされるのが〝飛龍型注子〟（図４）である。

高麗時代の青磁は、中国の越州窯青磁の影響を受けて、十一世紀頃から全羅南道で製造され、さらに、中国北宋時代の影響を受けて独特の青緑色釉に発展し、十二世紀半ばには翡色青磁といわれる高度な技術を完成させた。切手に取り上げられた注子（水差し）は、ソウルの国立中央博物館の所蔵品で、高麗王朝時代の西暦十二世紀、王都の開城で作られた。人物や動植物を象った象形青磁の傑作として、韓国の国宝第六十一号に指定されている。国宝としての登録名は飛龍となっているが、正確には、魚龍（頭が龍で体が魚という想像上の動物）が跳ね上がる姿を表現したものと考えられている。

図５　名古屋城の金鯱を描いた“名古屋開府350年”の記念切手

図６　北朝鮮が発行した青磁飛龍形注子の切手

魚龍については、黄海に棲む鯱《しゃち》がもとになっているという説もあるが、注子を見る限り、水族館でみられる実在の動物というより、名古屋城の屋根に乗っている金鯱（図５）のイメージに近い。ちなみに、金鯱の鯱は、魚の胴に虎の頭を持ち、背には棘が生え、尾は常に空を向いているという想像上の動物だが、龍の頭は、ラクダの頭をベースに鹿の角と幽鬼の眼を組み合わせたものとされているので、正確に作ろうとすれば、金鯱の鯱とは顔つきも異なってくることになる。

飛龍型注子は、高麗青磁の傑作として、一九五八年には北朝鮮の切手（図６）にも取り上げられた。

ソ連が極東の防波堤とするために樹立された北朝鮮国家は、ソ連の支援と承認を得て、一九五〇年六月二十五日、韓国領内に南侵して朝鮮戦争を起こしたが、国連軍の反攻によっては国家壊滅の危機に追い込まれた。これに対して、米国との直接対決を回避したかったソ連は北朝鮮の支援には及び腰で、一九五〇年十月末、中国が人民志願軍を派遣して戦争に介入したことで、北朝鮮はなんとか国家として存続することになった。

このことは、後年、ソ連に対する北朝鮮の不信感を醸成する要因となる。

一九五三年七月の朝鮮戦争休戦後、北朝鮮には、東側諸国から総額五億五千万ドルともいわれた戦後復興のための直接無償援助が提供されたが、そのおよそ半額はソ連から提供されたものだった。

一九五三年九月、ソ連を訪問した金日成は、ソ連からの経済援助十億ルーブルの使途と、過去にソ連から受けていた借款の償還問題について協議。その結果、ソ連からの経済援助のうち、かなりの部分が、戦争によって被害を受けた旧設備の復旧・拡張に加え、〝以前はわが国になかった新工場〟として消費財生産のための工場建設に充てられることになった。これは、国際分業路線を採用していた当時のソ連の意向に沿ったものだったが、国防充実の観点から、〝自律的民族経済論〟を掲げて重化学工業建設を優先したい金日成の意向とは必ずしも一致するものではなかった。

とはいえ、戦後復興のために、ソ連などからの援助が不可欠であった北朝鮮は、当面、自立的民族経済論と社会主義的国際分業とは必ずしも矛盾せず、むしろ、自立的民族経済を建設することが国際分業に参加できる道であることを強調して、ソ連との対立を回避しようとした。

こうして北朝鮮が策定した〝戦後復興三ヵ年計画〟は一定の成果を上げ、北朝鮮の戦後復興もそれなりに進んだが、計画最終年の一九五六年、フルシチョフによるスターリン批判を契機として、北朝鮮においても金日成個人崇拝に対する批判が起こると、事態は一変。同年八月には、ソ連国籍をもつなどソ連と関係の深いソ連派の朴昌玉が、中国共産党と関係の深い中国派の崔昌益らとともに、党全員会議で公然と金日成批判を行う〝八月宗派事件〟が発生した。

事件の背景には、自立的民族経済建設のために重化学工業路線を優先したかった金日成ら抗日パルチザン出身グループと、軽工業・消費財生産を優先し、ソ連を中心とする国際分業体制への積極的参加を主張するソ連派・中国派との路線対立があった。

結局、八月宗派事件は金日成らの勝利に終わり、朴・崔の二人は逮捕され、党から除名されたが、ソ連第一副首相のミコヤンと中国国防部長の彭徳懐が訪朝し、朴・崔に対する除名処分は撤回を余儀なくされた。

その後、金日成は、一九五六年末からソ連派・中国派に対する本格的な粛清を開始。一九五八年までに両国と関係のある〝反党分派〟勢力は根こそぎ弾圧され、北朝鮮と中ソの関係は冷却化した。

八月宗派事件を機に、北朝鮮はソ連・中国の援助を当てにせず、自力で社会主義建設を行う必要に迫られたが、そうした背景の下、かつての建国当初は〝民族的偏向〟として退けられてきた民族の伝統文化を称揚し、国民のナショナリズムを高揚させる方針に転換する。

図6の切手もそうした文脈の下に発行されたものだが、それと併せて、ソウルにある文化財を切手に取り上げることで、自分たちこそがソウルを首都とする（当時の北朝鮮憲法では、形式的にソウルが首都とされていた）朝鮮唯一の正統政府であることを誇示する意図があったものと考えられる。

一方、飛龍型注子は、一九六二年には韓国でも普通切手の図案として取り上げられた（図7）。

図7　韓国の通貨改革を受けて、1962年12月に発行された飛龍型注子の5ウォン切手。

一九六一年時点の韓国の通貨は、一九五三年の通貨改革で導入されたファンで、当初の為替レートは一米ドル＝六十ファンに設定されていた。しかし、一九六〇年の四月革命で李承晩政権が倒れ、新たに発足した第二共和国の尹潽善・張勉体制の下で政治的・社会的混乱が深刻化すると、インフレの進行に伴いファンの通貨価値も一挙に下落。一九六一年元日には一米ドル＝一千ファン、さらに二月には一米ドル＝一千二百五十ファンにまで暴落していた。

このため、一九六一年五月に発足した朴正熙政権は、一九六二年六月九日、十ファンを一新ウォン（現在の韓国通貨）として導入する通貨改革を断行し、これに合わせて、同年八月以降、新ウォン額面の切手が相次いで発行されることになり、同年十二月三十一日には、飛龍型注子を描く五ウォン切手も発行されたのである。

北朝鮮が飛龍型注子の切手を発行することによって、自分たちこそが朝鮮半島の正統政権であることを示そうとしたのと同様、韓国もこの題材を切手に選ぶことで自らの正統性をアピールし、北朝鮮側の主張を否定しようとしていたのは明らかである。

ところで、飛龍型注子を取り上げた韓国の切手と北朝鮮の切手はデザイン的にはほぼ同じ構図になっているが、それだけに、目打（切手を切り離すための周囲のミシン目）の抜け具合や、印刷の鮮明さなど、印刷物としての品質は韓国切手の方が上であることは一目瞭然である。

現在でも、しばしば、一九六〇年代までは韓国よりも北朝鮮の方が豊かだったとの記述が歴史の本などでは見かけられる。たしかに、北朝鮮の発表した公式の統計データがすべて正しいとすれば、国家全体のＧＤＰレベルにおいては北朝鮮が韓国を凌駕していたということになるのかもしれない。しかし、ＧＤＰがどれほど大きかろうと、富の再分配が適正に行われなければ、国民の日常生活は決して豊かにはならない。

一九五〇年代後半の北朝鮮では、自立的民族経済建設を標榜して、農業協同化が強行された。オーソドックスなマルクス・レーニン主義理論では「農業の社会主義化には、農業への機械・資材・電力などを供給することが必要であり、その前提として工業が一定水準以上に発達していなければならない」とされていたのに対して、北朝鮮は、「工業生産が回復していない状態であっても、経営形態のうえで社会主義化することは可能である」として農業協同化を強行したのである。

その結果、農民の生活を無視した過酷な収奪や強制的な大規模移住が強行され、一九五〇年代末には十万人規模の餓死者が発生するなど、農村の荒廃は深刻なものとなっていた。

ちなみに、社会主義諸国歴訪の一環として、キューバ革命の志士、チェ・ゲバラは、一九六〇年十二月に北朝鮮を訪問したが、滞在中の印象として「（北朝鮮の）都市には何もない」、「工業は破壊され、動物は死に、一軒の家も残っていない」、「北朝鮮は死でできている国だ」などと、北朝鮮の悲惨な実態についても書き記している。

もちろん、一九六〇年代初頭の韓国経済が極めて低水準にとどまっていたのは事実ではあるが、北朝鮮の国民生活の実情はその韓国よりも悲惨なものだったのであり、そのことは、一般国民が日常生活で使用する切手（や郵便物に使われす紙類）の品質にも反映されていることが、二つの切手を比べるとよくわかる。

このように、切手や郵便物は、時として、国家の公式の統計数字には表れない国民生活の実態をあぶり出す資料として、重要な意味を持っているのである。

第4章　琉球の龍柱

首里城の大龍柱

一八七九年、明治政府がいわゆる琉球処分を行い、大日本帝国の版図に完全に組み込むまで、琉球を統治していた琉球王国は、中華王朝に倣って龍を君主の象徴としていたため（図1）、王宮である首里城には龍の彫刻や装飾が数多く存在していた。

一方、首里城の外でも、琉球／沖縄の象徴としての龍柱（龍の装飾がある柱）は、明治橋の入口や沖縄県警本部の前など沖縄県内の各所に建てられているが、同じく琉球の象徴とされるシーサーが火を鎮める霊獣とされているのに対し、龍には水を鎮める役割が付与されている。

琉球王国は日中両属の関係にあり、日中の影響を強く受けつつも、龍柱は日中どちらとも異なる独特のスタイルで発展した。

すなわち、中国本土の華表（標柱としての龍柱。図2）は龍が柱に巻き付く様式であるのが一般的だが、日本本土の龍柱は屋根を支える柱に龍の彫刻を施すのが伝統的なスタイル（図3）で、標柱や鳥居の脚柱に巻き付くケースもある。これに対して、首里城正殿の龍柱は、柱そのものが龍の胴体になっているという点で、日中それぞれとは異なる特異なデザインとなっている。

具体的には、柱の上に頭があり、柱本体が龍の胴体となっており、下はハブのようにとぐろを巻き、片手には〝宝珠（どんな願いもかなえるという玉）〟をひとつ掴んでいるのが標準形で、阿吽の二柱で一対となっていることが多い。

ところで、首里城は十四世紀末に建立されたと推定されるが、正殿正面の石階段の両脇には〝大龍柱（図

図１　2002年、世界遺産シリーズ第10集として発行された「琉球王国のグスク及び関連遺跡群」の切手シートには、琉球王国時代の国王から一般庶民までの姿を描いた比嘉華山の「琉球風俗画帖」から、龍の装飾のある装束をまとった国王の部分が取り上げられている。

4）〃が据えられており、正殿正面の石階段の手すりの奥にある小ぶりの龍柱は〃小龍柱〃と呼ばれている。

琉球王国の正史『球陽』によると、初代の大龍柱は一五〇八年の尚真王の時代に建造された。琉球王国の支配層と深いつながりのあった中国福建省の青石を用いて作られたとの伝承がある。那覇の久米村には一三九二年に明の洪武帝より琉球王国に下賜されたとされる閩人《びんじん》（現・福建省の中国人）の職能集団を祖とする人々や、その後三百年間にわたり福建省から渡来した人々、首里・那覇士族から迎え入れた人々などで構成される〃久米士族（久米三十六姓）〃と呼ばれるエリート集団が居住しており、彼らは明・清の中華王朝との外交、貿易に従事して琉球社会に大きな影響を与えた。したがって、首里城の龍柱に福建省からもたらされた石材が使われていても不思議はないのだが、実際、一九八五年の調査で、首里城周辺で見つかった産地不明の石材が中国産の輝緑岩であることが確認されている。

その後、初代の大龍柱は失われ、尚質王二十（一六六七）年に二代目の柱が建てられたものの、これも失われ、尚益王三（一七一二）年に現在の龍柱のもとになった柱が沖縄島南部産の島尻層泥岩を用いて建てられた。

正史『球陽』の尚敬王元年（一七一三年）の条には、

図２　天安門を描いた中国の普通切手には、天安門前の華表がしっかり描かれている。

図３　日本の寺院建築の柱に見られる龍の彫刻の例。「四国八十八ヶ所の文化遺産Ⅱ」（ふるさと切手・四国４県）のうち、愛媛県・明石寺を取り上げた１枚。

図４　首里城正殿と大龍柱を描いたふるさと切手。大龍柱と正殿との現在の位置関係もわかる。

正殿や門、殿前の輦道の向きについて、その意味を以下のように説明している。

> 若し俗眼を以て之を観れば、則ち首里城何ぞ称するに足らん。然れども、龍の来歴、気脈鐘まる所、誠に取るべきもの有り。況んや、夫の国殿、立向甚だ好く、殿前の輦道《れんどう》、其の向、殿と同じからずして最も妙なるものをや。且、広福・漏刻・瑞泉・歓会等の門、左廻右転し、曲折して直からざるは、皆能く其の法を得たり。……国殿能く外盤を用て甲に坐し庚に向ふ。殿前の輦道は却つて内盤を用て卯より酉に横はりて、二者の立向同じからざるは、最も妙なり。山川林壑四面拱衛して、永く王城と為すに足るは、唯此の二者の力なり。決して改向すること勿れ。城内の諸門、左廻右転し、曲折して直ならざるは最も其の法を得たり。若し一直にして開門すれば、則ち資材耗散し、必ず不慮の憂有らん。決して改開すること勿れ。

これによると、首里城の立地は「龍の来歴、気脈鐘まる所」であり、国殿（正殿）と各門、輦道（正殿前の御庭にある浮道のこと）の向きは絶妙なので、決して変更してはならない、という。これは、琉球最大の偉人とされる蔡温（図5）らが首里の王城や国廟の風水について述べた見解で、それゆえ、大龍柱は首里城の象徴の一つとなった。

図5　蔡温（1690－1762）

首里城は、戦前の一九三三年に正殿の改修工事が行われて国宝に指定されていたが、沖縄戦では日本陸軍の第三十二軍総司令部が置かれていたこともあり、一九四五年五月二十五日以降、米軍艦ミシシッピなどの砲撃を受け、二十七日までに焼失した。その際、多くの文化財が破壊され、奇跡的に戦禍を逃れた宝物庫の財宝も米軍によってすべて持ち出され、首里城の跡地はすっかり廃墟と化していた。

三代目の大龍柱も沖縄戦で損傷したが、沖縄県立博物館・美術館には三代目の大龍柱の頭部が所蔵・公開されており（図6）、琉球大学博物館・風樹館にも、三代目の大龍柱の破片と推測されるものが所蔵されている。また、那覇市歴史博物館では三代目の写真が展示されているなど、在りし日の三代目の大龍柱をしのぶ資料は沖縄の複数の場所で目にすることができる。

現在の龍柱は、一七六八年に制作された首里城の図面「百浦添御殿普請付御絵図幷御材木寸法記」（通称「寸法記」）を元に、一九九二年、彫刻家の西村貞雄が復元した四代目の柱である。ちなみに、首里城には、首里城正殿の前にある大龍柱・小龍柱や、首里城正殿の二階にある御差床の龍柱をはじめとして、計三十三の龍の装飾が存在していたが、その多くは二〇一九年の首里城火災で被災してしまった。ただし、大龍柱そのものは被災するも残存し、後日焼損した奉神門前の広場に設置した小屋に移され、二〇二〇年十月二十三日から修理作業が進められている。

図6　現在の沖縄県立博物館･美術館の前身として、米施政権下の1966年に発行された"琉球政府立博物館新刊落成"の記念切手。所蔵品の目玉として、首里城の３代目の大龍柱の頭部も描かれている。

かつての龍柱は龍の頭が正面を向いていたが、明治維新後、旧首里城が沖縄神社の社殿として利用されていた時代に、本土の神社の狛犬に倣って向かい合わせに変更されたようだ（図6の切手では龍柱は向かい合っている）。

実際、琉球王国末期の一八七七年に琉球を訪れたジョン・ヘイ提督による記録（『青い目が見た「大琉球」』）では、龍柱は正面を向いていたとの記述がある。

ちなみに、龍柱の向きは風水思想と仏法による意味付けがなされており、正面を向いている場合には、外敵に対する威嚇あるいは護衛の意味があり（寺院の山門に正面を向いた金剛力士像が安置されているのはこのためである）、向かい合っている場合には赦しの心を意味しているという。

また、龍柱の向きが変更された理由については、琉球処分後の一八七九年から一八九六年まで首里城に駐屯していた熊本鎮台分遣隊が本土に引き上げる際、憲兵隊長の郷里に持ち帰るために柱のひとつを切断したところ、憲兵隊長が急死したため、兵士たちの間で「呪いだ」との声が上がり、龍柱を本土に持ち出す計画は頓挫し、その際、関係者が深く考えずに龍柱を狛犬と同じように向かい合うように設置し直してしまったという説もある。

琉球切手の龍柱・龍頭

一九四五年の沖縄戦終結後、米軍の占領下に置かれた沖縄（奄美も含む）では、一九四八年六月、B型軍票円（戦前の日本円と等価交換された米軍政府発行のB型軍票を基準とする通貨）が琉球列島全域に共通する法定通貨とされた。

これに合わせて、同年七月一日、それまで地域ごとに日本切手に担当者の印を捺して使われていた暫定切手に代わり、全琉球統一の〝琉球切手〟（額面は新B円に対応）が発行された。

じつは、琉球切手の発行に先立ち、一九四七年の時点で沖縄地区では独自の切手発行が試みられ、地元軍政府の依頼を受けた逓信部の比嘉秀太郎が、琉球王国の紋章や首里城、守礼門を描く切手図案の原案を作成していたが、これは、「民主的ではない」との理由で、東京の総司令部によって却下されている。その後、比嘉は新たに四種の図案を制作し、一九四七年七月三十一日、これを東京に空輸。今度は総司令部に承認されたことで、一九四八年六月七日、日本の大蔵省印刷局で製造された琉球切手が納品され、七月一日の切手発行となったのである。

この時発行された切手に、国名表示として〝沖縄〟ではなく〝琉球〟が採用されたのは、〝沖縄〟の語が狭義には沖縄本島のみを指す言葉であったことに加え、琉球王国を大日本帝国に編入する際に琉球から改称することでこの地域が日本領であることを示すために用いられていたこと、さらに、琉球という名称が戦勝国の一角を占めていた中国による命名であったことなどが総合的に考慮された結果と考えられる（図7）。

図7　1948年に発行された"琉球切手"には、沖縄と中国との歴史的な関係を強調するために"唐船"を取り上げたものもあった。

図8　大龍柱の頭部を取り上げた1950年の3円切手。

さらに、一九五〇年四月、統治機関整備の一環として、奄美・沖縄・宮古・八重山の各地区に分かれていた郵政機関を統合し、全琉球規模での郵政機関として郵政琉球郵政庁が設置されると、これに合わせて、普通切手もリニューアルされることになり、一九四九年二月、琉球軍政本部は新切手の図案公募を開始した。

その結果、「芸術的見地のみではなく、沖縄の風物や歴史を描いたものを選ぶように」との琉球列島米軍政長官、ウィリアム・イーグルス少将の〝指導〟の下、沖縄市民代表による審査が行われ、一九五〇年一月二十一日、琉球郵政庁の発足に先駆けて新図案の切手が発行された。

このうちの三円切手には、大龍柱の雌龍の頭部が描かれている（図8）。

原画を制作した下地明増は、一九一八年、宮古郡平良村下里生まれ。一九三九年に県師範学校を卒業し、教員として児童生徒に指導する傍ら、サトウキビを主

図９　琉球大学開校の記念切手

なモチーフとして油絵に精力的に取り組んだ。一九五七－五九年には沖展で入選し、一九八七年、沖展会員となり、宮古の現代美術を牽引した。教育者として宮古教育事務所長を務めたほか、市文化協会顧問、二季会会長などを歴任。二〇〇九年没。

さらに、翌一九五一年二月十二日、琉球大学校の開校に合わせて発行された記念切手（図9）にも、琉球大の校舎と首里城のシルエットに大龍柱が描かれている。

戦前の沖縄県には、師範学校はあったものの、大学や高等学校、高等専門学校などの高等教育機関はなかった。

米施政権下の一九四六年、教育復興の手始めとして、具志川村（現うるま市）に、小学校等の教員養成を目的とした沖縄文教学校が開学。また、外国語教育の施設として沖縄外国語学校が開校する。さらに、一九四七年には日本本土と同様の六・三制の新制学制が実施され、琉球における大学の設置も必要となった。

このため、同年九月末、軍政府教育部長スチュアート少佐は、沖縄民政府文教部長の山城篤男に対して、「ジュニア・カレッジの設置を一九四八年四月一日から開始したいから位置及び教授候補者を取調べて返事せよ」との口頭で指令が下される。結局、一九四八年四月一日には開学が間に合わなかったが、同年七月、米軍政府教育副部長Ｈ・アール・ディフェンダーファーが大学設立案をＧＨＱ副参謀室のフォクス准将に提出され、認可を受けた。これを受けて、同年十二月、軍政府教育部長アーサー・ミード、沖縄民政府副知事の又吉康和、文教部長の山城篤男が首里周辺で大学建設のための用地調査を行った。

当初、軍政府側は、現在の首里高校と観音堂の間にある土地を提案したが、十分な面積がなかったため、山城は「そんな狭いところに大学は建てられない」と反対。ついで石嶺地区の、現在は厚生園がある土地が検討されたが決定には至らなかった。このため、ミードが那覇市内に適当な土地はないかと尋ねると、山城はすっかり廃墟となった首里城跡に彼を案内。ミードはこの土地を大いに気に入ったという。

そうした経緯を経て、十二月三十日、GHQ琉球局長のジョン・ウェッカリング准将が来琉し、山城は副知事の又吉、歴史家の島袋全発らとともにウェッカリングを首里城に案内。島袋が首里城一帯の歴史を説明すると、ウェッカリングは「ここが琉球の政治と教育に縁の深いところであることに着目し、大学を設立するのにふさわしい所であること、沖縄の政治及び教育との因縁が深い所であることを認め」、「ここを大学の敷地とすることに意見が一致した」という。

首里城は旧琉球王国のシンボルともいうべき建物であったことから、戦後間もない時期から沖縄住民の間には再建を望む声が強かった。これを踏まえて、民政府部長会議では、跡地の用途として、

①公園にして観光地化する案
②行政府を城跡にもってくる案
③文化的な事業に使用する案

などが提案された。その後、知念地区にあった民政府の野外で、首里城跡の利用について〝民衆の討議会〟が開催されたが、その際、山城は米当局が首里城跡に大学用地とする意向であることを踏まえ、「祖先が築いた政治文化の中心を是非、大学のために使おう。もしそれ以外の施設に使ったら、後日、子孫のそしりをまぬかれないだろう」として住民を説得。首里城跡は大学用地として活用されることになった。

こうして、〝沖縄側の要望または提案〟を容れるという形で、ウェッカリングは首里城跡に大学を建設することに同意。山城はミードとともに首里市長の兼島由明と話し合い、首里市議会の承認も得て、城跡を大学敷地として借り受けるとともに、円覚寺跡やハンタン山が尚家の尚裕から寄贈された。

一九四九年六月八日、首里城址に大学校舎の建設が始まり、翌一九五〇年四月二十五日に竣工。五月二十二日、米国民政府布令第三十号「琉球大学」に基づく琉球大学が創立され、同日付で第一期生の入学式が行われた。なお、開校記念式典は、翌一九五一年二月十二日に行われた。

「琉球大学開校」の記念切手は開校式典に合わせて発行されたもので、大学の校舎と首里城のシルエットに龍柱が描かれている。

切手の原画作者は、公式には大城皓也ということになっている。

大城は、一九一一年、那覇生まれ。沖縄県立第二中学校を卒業後、上京して東京美術学校西洋画科に入学し、卒業後の一九三六年、真和志村樋川原（現・那覇市樋川）に沖縄県内初の私立中学として開南中学校が創立されると、美術教師として赴任。一九五〇年に琉球大学が創立されると、応用学芸部芸術科（現美術工芸科）助教授に着任した。

ところが、大城の教え子だった安次富《あしとみ》長昭《ちょうしょう》の証言によると、大城は安次富の作品を補作して応募し、一等入選を果たしたのだという。

安次富は、一九三〇年、那覇市生まれで、琉球大学の創立時は二十歳で学部の一年生として在籍していた。芸術科一期生の学生たちは大学で使用する机や椅子の制作を行ったほか、切手のみならず、大学のシンボルマーク（現在の学章）、会社のロゴマーク、ポスターなど、デザイン関連の公募があると片端から応募して賞金を稼ぎ、学資や生活費に充てていたという。安次富は、こうした学生時代の実績により、卒業後、母校の講師に採用され、沖縄美術界を代表する画家へと成長していくことになる。

このように、賞金目当てに図案公募に応募するという以上、その最大の目標は自らの主義主張よりも、いかにして審査員の意に沿う作品を制作して入賞するかという点に関心が向くことはやむを得まい。

そうした観点からすれば、沖縄戦で破壊された首里城の跡地に、沖縄の将来のための大学建設を許可してくれた米国に対する感謝の意を表す内容の原画を作成するというのも至極当然のことであったろう。

なお、歴史的な事実からいえば、首里城を直接的に破壊したのは米軍であって日本軍ではない。したがって、戦闘によって破壊された建物を題材として取り上げることは、ともすると、建物を破壊した米軍への批判と取られかねないはずだが、米施政権下の沖縄では、戦争による被害はあくまでも日本軍に原因があるということになっていたのはいうまでもない。

紅型の龍

米施政権下の沖縄では、紅型《びんがた》風にデザインされた干支の切手が発行されており、一九六四年の辰年用の切手（図10）には龍がデザインされている。

沖縄の伝統的な染色技法の紅型は、一般に、十四―十五世紀頃、琉球王国が交易で得たインド更紗、ジャワ更紗、中国の型紙による花布等の技法を取り入れ、型紙を使った染色を行ったのが最初と考えられている。

琉球王朝時代には、王府の保護を受けた絵師や彫師が下絵や型紙を制作し、多様な色彩を用いた紅型の衣装は、王族・士族の女性を中心に愛用された。一六〇九年、いわゆる薩摩の琉球侵攻が起きると、それ以前の紅型の型紙は焼失ないしは持ち去られたが、これを機に、大和の染物の要素が取り込まれ、紅型は知念家、城間家、沢岻《たくし》家の紅型三宗家を中心に独自の発展を遂げた。

明治初年の琉球処分で王府が解体されると、王家の保護を失った職人は次々と首里を離れて廃業するものが相次いだが、三宗家の継承者の一人である知念績秀は、息子の績弘（一九〇五年生まれ）に紅型の技法を伝え、紅型の再興を託すことになる。

一方、三宗家のうちの城間家では、栄松が極貧の中、紅型の技法を必死に守り続けていた。

このように、不遇な環境に置かれていた紅型であったが、大正時代に入ると、鎌倉芳太郎によって、日本本土でその価値が再評価されはじめた。

図10　米施政権下の沖縄で発行された1964年用の年賀切手

鎌倉は、一八九八年香川県生まれ。一九二一年、東京美術学校図画師範科を卒業し、沖縄県女子師範学校や沖縄県立第一高等女学校で教鞭をとりながら、一九二四年五月から一九二五年五月まで、および一九二六年から一九二七年まで、二度にわたり琉球芸術調査を行い、写真（ガラス乾板一千二百二十九点、紙焼き写真二千九百五十二点）、調査ノート八十一点、型紙などの紅型資料一千百五十四点、陶磁器資料六十七点など、総計七千五百十二点におよぶ沖縄の文化・歴史に関する資料を残した。

その後、一九四二年に東京美術学校助教授に就任するが、一九四四年に退官し、染織家として独立する。一九四五年の沖縄戦で沖縄に残されていた紅型の型紙の大半は焼失したが、鎌倉によって東京で保管されていた型紙を使い、琉球王朝時代から紅型宗家として染物業に従事してきた城間栄喜（栄松の子）と知念績弘が紅型の復興に乗り出した。

当初、彼らは物資不足の中、ごみとして捨てられていた旧日本軍の軍用地図に下図を描き、目覚まし時計のゼンマイを刃物がわりに型を彫って型紙をつくり、割れたレコード盤を糊（防染糊）置きのヘラに、銃弾の薬莢を糊袋の筒先に、口紅を顔料に使用するなどの苦労を重ねた。ときには、薬莢をコンロで熱して溶かしている際に、紛れ込んだ実弾でコンロごと爆発することもあったという。また、初期の頃は、染織工芸の需要が少なかったため、主として米兵を対象にした絵葉書なども制作されていた。

こうした彼らの努力は、沖縄統治の一環として、日本本土とは異なる沖縄の独自性を強調していた琉球政府にも認められるようになり、一九五〇年に城間と知念が結成した紅型保存会は琉球政府の補助を得て、技術・技法の継承が図られた。

ところで、当時の沖縄切手は日本本土の大蔵省印刷局で製造されていたが、一九五六年以前の切手は単色刷であった。これに対して、この頃から印刷局が製造する日本本土の切手は、多色刷のものが主流になりつつあった。

すなわち、戦後の経済成長に伴い、郵便物の量も急増し、切手の需要も飛躍的に増加したことから、一九五四年十月、印刷局は西ドイツ（当時）から、ゲーベル社製の最新鋭グラビア印刷機を輸入。この印刷機は四色までのグラビア多色刷が可能で、印刷局は、新型印刷機の性能に合わせた用紙や裏糊などの開発・改良作業が進み、同年末に発行の昭和三十（一九五五）年用の年賀切手（加賀起き上がり）をグラビア二色刷で製造。ついで、一九五五年五月十六日、グラビア四色刷でこいのぼりを描く〝第十五回国際商業会議所総会〟の記念切手を発行し、世界の切手印刷関係者の間で評判となっていた。ちなみに、この年の切手趣味週間の切手として発行された「ビードロを吹く娘」は、大型多色刷の美術切手として、一九六〇年代以降、フランスが美術切手をシリーズ化し発行していくきっかけになったともいわれている。

こうした状況であったから、琉球切手に関してもグラビア多色刷が模索されるようになったが、これとほぼ時を同じくして復興を遂げつつあった紅型は格好の素材だったといって良い。

また、沖縄では、一九五〇年から年賀郵便特別取り扱いの制度が始まり、一九五五年には最初の官製年賀はがきも発行されており、一九五六年には年賀切手の発行も計画された。

こうした事情が相まって、一九五六年十二月一日に発行された一九五七年用の年賀切手の題材には、松竹梅の吉祥文様を描いた紅型が取り上げられた（図11）。松竹梅の紅型切手の評判が良かったことから、翌一九五八年以降、沖縄の年賀切手の題材は紅型のなかから選ばれる（あるいは、紅型風にデザインした干支などが採用される）というパターンが祖国復帰まで定着した。

図 11　松竹梅を取り上げた琉球最初の年賀切手

ちなみに、一九五八年は、県立首里高等学校に染織課程（現在の染織デザイン科）が設置され、琉球政府が紅型の技術者養成に本腰を入れるようになった年でもある。

さて、一九六四年用の年賀切手に取り上げられた龍は中華皇帝の象徴である五本爪になっており、背景は紗綾形（卍崩し、万字繋ぎ、雷文繋ぎ）のような連続文様になっている。紗綾形は、安土桃山時代に大陸（明）から輸入された絹織〝紗綾織〟の地紋として使われていたのが名前の由来で、〝不断長久〟を意味する吉祥紋である。

切手の龍の顔つきは、龍柱の龍に比べると日本化されているようにも見えるが、様式としてはしっかりと中華世界の伝統を踏まえているのが興味深い。

雲龍印籠

ところで、日本本土では一九四七年以来、切手収集の普及を目的に切手趣味週間が行われてきたが、米施政権下の沖縄では、最初の〝琉球切手〟が一九四八年七月一日に発行されたことにちなみ、一九六二年以降、七月一日からの一週間を切手趣味週間とすることになり、毎年、琉球王国時代の文化財を紹介する切手が発行された。

そのうち、一九六八年の切手趣味週間の切手には、田名宗經の雲龍印籠が取り上げられている（図12）。

中国から印判が渡来した当初、印判を入れる容器としては、食品の容器や装飾的な置物としても利用される据え置き式のものが主流だったが、香料や薬、火打石などを入れた小さな袋を腰に下げて持ち歩く習慣があった日本では、遅くとも戦国時代には、茶器の棗《なつめ》を応用する形で、薬を携行するための積み重ねの箱型容器として印籠が登場したと推定される。

江戸時代に入ると、武士や町人には印籠で常備薬を携行する習慣が浸透したが、次第に印籠の実用的な機能は失われ、江戸時代中期以降は装身具としての意味合いが強くなり、琉球へも伝来した。

切手に取り上げられた印籠は、琉球の彫刻家として名高い田名宗經（一七九八—一八六五）の作品で、雲に乗って昇天する龍が装飾の中心になっている。

宗経（唐名：海帯華）は、日本本土から、漆工職人が集まっていた那覇の若狭に移住した長濱家の出身で、田名宗叙の弟子だったが、師の宗叙に嗣子がなかったため、一八二五年、二十八歳で田名家に養子に迎えられた。

一八二七年には薩摩に赴き、島津藩に印籠などを献上し、細工物を制作しながら二年ほど滞在。この間、仏師職の允可相伝書一巻を譲与された。一八三八年に冊封使が来琉した際には、すでに名工として評判を得ていた宗經の技量に副使の高人鑑は大いに魅せられたという。現存する作品は小品が多く、切手に取り上げられた印籠のほか、糸満・蓮華院の聖観世音菩薩像などがある。なお、琉球の印籠は三重、五重の重ね物が一般的で、切手に取り上げられたような形式のものは珍しい。

図 12　雲龍印籠を取り上げた 1968 年の切手趣味週間の切手

第5章　ナーガと龍（インド・東南アジア）

カドゥルーとヴィナター

インド北部で釈迦が創唱した仏教は、インド亜大陸各地に拡大していく過程で、さまざまな土着の要素を取り込んでいったが、龍王や龍神、蛇神などのもとになった〝ナーガ〟もその一つである。

インド叙事詩『マハーバーラタ』によれば、バラモン教およびそこから発展したヒンドゥーの最高神のひとつ、ブラフマー神（図1）の右手の指から生まれたダクシャには多くの娘があったが、そのうちのカドゥルーとヴィナターはいずれもカシュヤパ仙の妻となった。

図1　ブラフマーを描いたフランス領インドの切手。ブラフマーはシヴァ、ヴィシュヌと融合した“三神一体”の一柱で、造形としては、1つの首から伸びた3つの頭の1つ（または1つの頭に存する3つの顔の1つ）で表現されることが多いが、単体としては4本の腕を持ち、水鳥ハンサに乗った男性の姿で表現されることが多い。仏教では弁財天として知られるサラスヴァティーを妻とし、彼女との間に生まれたのが人類の始祖とされるマヌである。

カシュヤパは二人の願いを叶えることを約束し、カドゥルーは一千匹のナーガを息子とすることを望み、ヴィナターはカドゥルーの子より優れた二人の息子を望んだ。

その願い通り、カドゥルーは一千の卵を、ヴィナターは二個の卵を産む。二人が卵を五百年間温め続けた後、カドゥルーの卵は全て孵って一千の偉大なナーガたち（ナーガラージャ、龍王）が生まれ、彼女はナーガラージャの祖（ナーガ族の太母）となった。

ちなみに、ナーガは気象を制御する力を持ち、怒ると旱魃に、なだめられると雨を降らすとされ、一般には、頭が七つで尾が一つ、それぞれの頭には冠をかぶっている姿で表現される（図2）ことが多いが、頭が一つで翼のある大蛇のような姿（図3）で描かれることも珍しくない。

上・図2　7頭のナーガのイメージを描いたタイの切手

下・図3　2000年にタイ・バンコクで開催されたアジア国際切手展に際して、参加国のインドネシアが発行した記念切手には、頭が一つで翼のあるナーガラージャ（ナーガの王）が描かれている。

一方、ヴィナターの卵は五百年温めても孵らなかったため、彼女は子が生まれないものと諦めて、卵の一つを割ってしまった。すると、月が満ちずに下半身がまだ作られず、上半身しかないアルナ（暁の神）が出てきた。アルナは母親を恨み、五百年の間、彼女と競った相手の奴隷になるという呪いをかけた。

ある日、カドゥルーとヴィナターは、太陽を牽引する馬ウッチャイヒシュラヴァスの色について口論になり、負けた方が奴隷になるという賭けをすることになった。正解は、ヴィナターの主張した通り馬は全身が全て白かったが、カドゥルーは息子のナーガたちを馬の尾に取りつかせて尾が黒く見えるように偽装した。ヴィナターはこの偽装を見破れず、賭けに負けたとして奴隷になってしまった。

その後、ヴィナターの卵からはガルーダが生まれた（図4）。

ガルーダは生まれたときから天をつくほどに巨大で、稲妻のような瞬きをし、大山も風神とともに逃げるほ

図4　多種多様なガルーダのイメージが表現された切手。
左上・A　1930年のタイの航空切手は、半人半鳥のスマートな姿のガルーダが描かれている。
左中・B　インドネシアの国章に取り上げられているガルーダは、ジャワクマタカをモデルにした金色の神鳥の姿で表現される。
左下・C　第二次世界大戦中の1943年、日本占領下のジャワの切手に描かれたガルーダ
右・D　アンコール遺跡のガルーダのレリーフを取り上げたカンボジア切手

どに羽ばたき、口から吐く光は四方に広がって火事のようであったため、神々は驚いて火の神と崇めたといわれている。

ガルーダが海を越えて母の元に行くと、ガルーダもヴィナターとともにカドゥルーたちに支配され、さまざまな難題を与えられ、苦難の日々を過ごした。その過程で、母親がいかさまによって奴隷となったことを知ったガルーダが、自分たちを解放するよう求めると、ナーガたちは天界にある乳海攪拌から生まれた不死の聖水〝アムリタ〟を持ち帰ることを解放の条件として提示した。

ここで、乳海攪拌とアムリタについて簡単に説明しておこう。

偉大なリシ（賢者）ドゥルヴァーサスは非常に短気で、些細なこと

図５　バンコク・スワンナプーム空港の乳海攪拌のオブジェ。右上は反対側から見たヴァースキの顔。

からインドラ以下の神々に呪いをかけ、神々や三界の幸運をすべて奪ってしまった。この機をとらえて、インドラとは仇敵のアスラ（阿修羅）が侵攻してきたため、インドラはシヴァ、ブラフマーに助けを求めたがドゥルヴァーサの呪いは解けなかった。

そこで彼らは、ヴィシュヌの知恵を求め、ヴィシュヌは〝アムリタ〟を作って飲むよう勧めた。

アムリタをつくるには神々とアスラが協力する必要があったため、両者は一時和解し、アムリタを分け合うことを条件にアスラは協力に応じた。

ヴィシュヌは、アムリタの材料としてさまざまな植物や種を乳海に入れた後、巨大亀クールマとなって海に入り、その背に大マンダラ山を乗せた。そして、長大な胴体を持っていた龍王の一人、ヴァースキをその山に絡ませ、神々はヴァースキの尾を、アスラはヴァースキの頭を持ち、互いに引っ張り合うことで山を回転させ、海をかき混ぜた（図５）。これにより、海に棲む生物はことごとく磨り潰され、大マンダラ山の木々は燃え上がって山に住む動物たちが死んだ。その火を消すためにインドラが山に水をかけると、樹木や薬草のエキスが海に流れ込んだ。

攪拌は千年間続き、この間、すさまじい力で身体を引っ張られたヴァースキは苦しさのあまり猛毒ハーラーハラを吐き出してしまい、危うく世界は滅びかけたが、シヴァ神がその毒を飲み込んで世界を救った。ただし、その代償として、シヴァ神ののどは猛毒に焼かれてしまい、首から上が青黒くなった。

一方、攪拌を続けていくと、乳海からは、太陽、月、白象のアイラーヴァタ、馬のウッチャイヒシュラヴァス（カドゥルーとヴィナターの諍いの原因になった馬）、牛のスラビー（カーマデーヌ）、宝石カウストゥバ、願いを叶える樹カルパヴリクシャ、聖樹パーリジャータ、精霊のアプサラスたち、酒の女神ヴァルニー、美と豊穣の女神ラクシュミーらが次々と生まれ、最後に天界の医神ダヌヴァンタリが、アムリタの入った壺を持って現れた。

その後、神々はアムリタを要求するアスラと戦い、アスラに勝利した神々はアムリタを無事持ち帰ったという。

さて、ガルーダはナーガたちから要求された聖水を得るため、天上界に乗り込み、天上界の神々を次々に打ち破り、ついに聖水を奪って飛び去った。その勇気と力に感動したヴィシュヌ神は、ガルーダに不死の命を与え、ガルーダはそれを受けてヴィシュヌの乗り物（ヴァーハナ）となった。

そこへインドラが最強の武器ヴァジュラを使って襲いかかってきたが、ガルーダにはヴァジュラが全く利かないのを悟ったインドラは、ガルーダと永遠の友情を誓い、ガルーダには不死の体が与えられ、彼はナーガたち蛇族を食料とするという約束を交わした。

母親のヴィナターを解放するため、アムリタをナーガたちの元へ持ち帰ったガルーダは、母親が解放されたのを確認したうえで、アムリタをクシャの葉の上に置き、沐浴してから飲まねばならないと告げた。それを聞いてナーガたちが沐浴をしている隙に、インドラがアムリタを取り返した。騙されたことに気づいたナーガたちは、せめてクシャの葉に残ったアムリタを舐めようと葉を舐めたため、その舌は二股に割れてしまったという。

ガルーダとナーガ

こうした経緯から、ヒンドゥー神話やそこから派生したインド・東南アジア世界の民話・伝説の類では、ガルーダはナーガ族と敵対関係にあり、それらを退治する聖鳥として崇拝されている（図6）。

図6　ナーガと戦うガルーダを描いた2010年のタイ切手

図7　1910年にシャムが発行した"ガルーダと国王"の切手

図8　タイの国章

一九一〇年五月五日にシャム（現タイ）が発行した普通切手（図7）は、ガルーダを描いた世界最初の切手だが、この切手のガルーダは邪悪の象徴としてのナーガを捕えている姿で描かれている。

チャクリー王朝（タイの現王朝）では、宗教的には、国王はヴィシュヌ神の化身とされている。それゆえ、ヴィシュヌの乗り物としてのガルーダは王室と密接に結びついた存在になっており、現行のタイの国章（図8）にもガルーダがデザインされている。また、ヴィシュヌはブッダや古代インドの叙事詩『ラーマーヤナ』（タイ語版では『ラーマキエン』。詳しくは後述）の主人公ラーマ王子ともされており、そこから、ヴィシュヌの化身としての国王の尊号も〝ラーマX世〟となった。

なお、ヴィシュヌは、〝創造〟の神であるブラフマー、〝破壊〟の神であるシヴァと融合した〝三神一体〟の一柱として〝維持〟の神であるから、体制の維持を旨とする国王の立場とも合致する。したがって、図7の切手に見られるような、ナーガを捕えるガルーダと国王の組み合わせは、ヴィシュヌの化身である国王が、当時のシャムが直面していたさまざまな国難（西洋列強の圧迫など）を克服し、国家を鎮護する存在であることを含意したデザインと見ることができる。

ところで、この切手が発行された背景には、シャムにとって長年の懸案であった通貨改革が一応の決着を見たという事情もあった。

十九世紀以前のシャムの通貨制度は十進法ではなく、複雑な単位計算となっていた。

すなわち、基準となる通貨単位の名称としては、もともとは重量単位であったバーツとティカル（マレー・ティカルに由来するポルトガル語が語源とされる）が混用されており、両者は基本的に等価であったが、用語としては、タイ人はバーツ、外国人（西洋人）はティカルの呼称を用いることが多かった。そして、このバーツ（ないしはティカル）を基準に、二分ないしは四分を繰り返した補助貨幣が鋳造されるという形式を取っており、一バーツと補助通貨の対応関係は以下のようになっていた。

一ソロ　百二十八分の一バーツ
一アット　六十四分の一バーツ（＝二ソロ）

一スィオ　三十二分の一バーツ（＝二アット＝四ソロ）
一スィク　十六分の一バーツ（＝二スィオ＝四アット＝八ソロ）
一ファン　八分の一バーツ（＝二スィク＝四スィオ＝八アット＝十六ソロ）
一サルン　四分の一バーツ（二ファン＝四スィク＝八スィオ＝十六アット＝三十二ソロ）

図9　タイ最初の切手のうちの1ソロ切手

一八八三年に発行された最初の切手には、一バーツ（ティカル）の切手はなく、一ファンの切手も準備されたが実際には発行されなかった。また、実際に発行された切手（図9）でも、額面を含めタイ語の表示のみで、ローマ字や算用数字の表示はなく、同一のデザインで額面ごとに刷色を変えただけであったから、外国人がシャム国内で使用したり、外国宛の郵便物に使用したりする際には、料金を識別しにくいとして、きわめて不評であった。

　そこで一八九七年に、いわゆるチャクリー改革の一環として、一バーツを百サタンとして他の補助通貨を廃止する幣制改革が実施されたが、この十進法に対応する新通貨はなかなか発行されず、その後も旧来のアット貨が流通していた。

　その後、一九〇二年にシャムでも金本位制が導入され、それまで、香港上海銀行などが行っていたシャム国内での銀行券発券業務が大蔵省の管轄となったのを経て、一九一〇年、ようやく、ティカル／バーツ表示による新通貨が発行された。図8の切手はこれに対応して発行されたものだったが、切手発行から約半年後の一九一〇年十月二十三日、シャムの近代化に巨大な足跡を残したラーマ五世は、ガルーダのもたらすアムリタを口にすることなく、五十七歳で崩御した。

ナーガラージャ

さて、カドゥルーを祖とするナーガ族の王〝ナーガラージャ〟は、仏教に取り込まれると〝龍王〟と呼ばれたが、その中でも特に重要なのが、

①ナンダ（難陀。以下、カッコ内は漢訳名）
②ウパナンダ（跋難陀）
③サーガラ（娑伽羅）
④ヴァースキ（和修吉）
⑤タクシャカ（徳叉迦）
⑥アナヴァタプタ（阿那婆達多）
⑦マナスヴィン（摩那斯）
⑧ウトゥパラカ（優鉢羅）

の八大龍王である。

八大龍王の筆頭に挙げられるナンダは、サンスクリットで〝幸せ〟、〝喜び〟の意味で、〝小さな幸せ〟、〝小さな喜び〟の幸せを意味する②のウパナンダとは兄弟の関係にある。この兄弟は、仏教を篤く保護したマガダ国を守護して、同国から飢えをなくしたという。特に、龍王が仏教に取り入れられると、弟のウパナンダは釈迦如来が生まれたときに雨を降らしてこれを灌ぎ、説法の会座に必ず参じただけでなく、釈迦入滅の後は永く仏法を守護したとされる。

③のサーガラは、もとは〝大海〟を意味する。サンスクリットでは、海中にある龍宮の王。かつて、ナンダ、ウパナンダの兄弟と戦ったこともある。

④のヴァースキはサンスクリットでは〝宝〟の意味で、九つの頭を持つ。もとは、ボーガヴァティーを都とする地底界の最深部〝パーターラの支配者〟で、その長大な体ゆえに上述の乳海攪拌にも用いられた。

乳海攪拌による天地創造の以前、ヴィシュヌは原初の蛇で千の頭を持つアーディシェーシャ（シェーシャとも）を輪の形にしてパーターラに浮かべ、船代わりとしてその上に寝ていた。そのヴィシュヌのへそから蓮の花が伸びて、そこに創造神ブラフマーが生まれ、ブラフマーの額から破壊神シヴァが生まれたとされてい

る。また、この世が終わる時、全ての生物が滅び去った時も、再び世界が創造されるまでの間、ヴィシュヌはヴァースキの上で眠り続ける。

このアーディシェーシャはしばしばヴァースキと同一視され、天地創造の後は、ヴァースキないしはアーディシェーシャはその頭で大地を支えているといわれている。そして、その上に、地下世界を象徴するウミガメが乗り、さらに、その甲羅の上、東西南北それぞれに四頭の象が乗って半球状の大地を支えているというのがヒンドゥーの宇宙観である（図10）。

図10　1996年にタイが発行された“チェンマイ（タイ東北部の古都）700年”の記念切手にはワット・チェンマン（寺院）の仏舎利塔を取り上げた１枚があるが、この仏塔の基部は、ヒンドゥーの宇宙観を反映して、石造りの巨大な象が取り囲む構造になっている。理論上は、この地下にウミガメとナーガがいることになっている。

乳海攪拌後のヴァースキは、須弥山を守り、細龍を取って食していたが、大洪水の時には、人類の祖マヌの乗る方舟が大波に流されないよう、マツヤの角と方舟の舳先を結ぶ綱の役割を担った。

⑤のタクシャカは、〝多舌〟、〝視毒〟を意味するサンスクリットが名前で、このナーガに怒りの眼を向けられた者は息絶えるといわれている。

あるとき、インドラ神の友人で、英雄アルジュナの孫であるパリクシット王はシャミーカ仙に礼を失した行為をしたために、その息子シュリンギンによって七日以内にタクシャカに咬まれて死ぬという呪いをかけられた。これを知ったパリクシット王はタクシャカが近づけないように海に巨大な柱を立て、その上に宮殿を建てて警備を厳重にするとともに、蛇毒を専門とする聖者を招いた。タクシャカは件の聖者が宮殿に到達する前に彼と戦い、聖者が自分よりも強いことを悟ると、王以上の謝礼を約束して聖者を帰らせたうえ、仲間のナーガを聖者に化けさせ、王に献上される果物の虫に化けて偽の聖者とともに王に近づき、王が果物を手にした途端、蛇の姿に戻って王の首筋に咬みついて殺した。

そこで、パリクシット王の息子ジャナメージャヤは、復讐のため聖者たちを集め、蛇を犠牲に捧げるサルパサトラの供犠を行わせた。この祭火によってナーガ族のほとんどが滅んだが、タクシャカは一人インドラ神の宮殿に逃げ込み、女神マナサーの子、アースティーカの仲裁により、滅亡を免れたという。

⑥のアナヴァタプタは、サンスクリットでは〝清涼〟の意味で、ヒマラヤの北にあるという神話上の池、阿耨《あのく》達池《だっち》に住んで四方に大河を出して人間の住む閻浮《えんぶ》提《だい》（贍部洲とも）を潤している。

⑦のマナスヴィンは、〝大身〟、〝大力〟を意味するサンスクリットの名を持つ龍王で、アスラが海水で喜見城を侵したとき、身を踊らせて海水を押し戻したという。

最後の⑧のウッパラカは青蓮華を生ずる池に住まう龍王である。

図 11　アバヤギリ大仏塔入口の守護石に刻まれたナーガラージャの石像を取り上げた 1954 年のセイロン切手。国名表示（上から英語・シンハラ語・タミル語）以外は英語表記になっている

図 12　同じ題材で 1958 年に発行された切手。国名と額面こそシンハラ語・タミル語・英語の 3 ヵ国表記だが、それ以外はシンハラ語とタミル語のバイリンガル表記となっている。

これらの龍王／ナーガラージャは、多数の頭を持つ蛇の姿で表現されるだけでなく、そうした蛇を背負った人間の姿で表現されることもある。

たとえば、図11は、一九五四年にセイロン（現スリランカ）が発行した三セント切手で、アバヤギリ大仏塔入口の守護石に刻まれたナーガが描かれている。

ところで、この切手は、国名表示（上から英語・シンハラ語・タミル語）以外は英語表記になっているが、これとほぼ同じ図案で一九五八年に発行された切手（図12）は、国名と額面こそシンハラ語・タミル語・英語の三ヵ国表記だが、それ以外はシンハラ語とタミル語のバイリンガル表示となっている。

こうした変更の背景には、セイロン／スリランカの民族問題があった。

一九四八年に英国から独立した当時のセイロンでは、人口の約七十四％がシンハラ人、約十三％が古くから住んでいる〝スリランカ・タミル人〟、約五％が英領植民地時代にプランテーションへの労働力として移住させられてきた〝インド・タミル人〟という構成となっていた。英領植民地時代、人口の多数を占めるシンハラ人（主に仏教徒）が独立運動を展開していたのに対して、英当局は、タミル人（主にヒンドゥー教徒）を重用する分割統治を行っていた。

このため、独立後の政治体制に関しては、マイノリティのタミル人はシンハラ人と平等の立場を確保するために一定の優遇措置を求めたが、これは認められず、独立を控えた一九四七年のセイロン議会選挙の際には、純然たる一人一票制が採用され、シンハラ人が政府内で多数派を獲得した。さらに、インド・タミル人に関しては、一九四八年の〝セイロン市民権法〟で公民権が、翌一九四九年の〝国会選挙法〟で選挙権が剥奪されてしまう。

さて、独立後のセイロンは経済的低迷が続いていたが、一九五六年に発足したスリランカ自由党のソロモン・バンダラナイケ政権は国民の不満をそらすべく〝シンハラ・オンリー政策〟を掲げ、シンハラ語を公用語とし、仏教を国教化することで乗り切ろうとした。

しかし、バンダラナイケ政権によるシンハラ人優遇措置に対するタミル人の反発は強く、各地で暴動が発生。妥協を迫られたバンダラナイケは地方行政にタミル語の使用を認める法案を成立させた。

図10の切手から図11の切手への変更は、植民地制の残滓を一掃すると称して英語の表示は排除したものの、タミル人の反発もあってタミル語を排除するわけにはいかず、シンハラ語とのバイリンガル表記に変更したためであろう。

しかし、シンハラ人優遇措置を修正したことで、今度はシンハラ人過激派が強く反発し、一九五九年、バンダラナイケは政権の〝弱腰〟を批判する仏教僧により暗殺されてしまった。

バンダラナイケ暗殺後に行われた一九六〇年の総選挙では、バンダラナイケ未亡人のシリマヴォを擁したスリランカ自由党が勝利し、彼女が首相に就任。シリマヴォは夫の遺志を継承するとして、キリスト教系の学校や米英系の企業を国有化したため、両国からの資金援助は打ち切られ、スリランカ経済はさらに低迷する。このため、一九六五年の総選挙でスリランカ自由党は敗北して下野したが、一九七〇年の総選挙を経て政権に復帰した。

シンハラ人優遇措置に対するタミル人の反発や、毛沢東主義を掲げる極左組織のスリランカ人民解放戦線の武装蜂起（一九七一年）などの混乱が続く中、一九七二年、シリマヴォ政権は新憲法を制定して国名を〝セイロン〟から、セイロン島の古名である〝ランカ（島）〟にシンハラ語で〝高貴な〟を意味する接頭辞の〝スリ〟をつけた〝スリランカ〟に改称するとともに、仏教に特別な位置を与え、国は仏教を保護する義務があることを憲法に明記する。

これを不満とするタミル人の一部は、インドのタミル・ナドゥ州及びスリランカのタミル人居住区からなる統一タミル人国家の創設を主張。これに対してシンハラ人は、反タミル人・キャンペーンを展開して両者の対立は激化していった。そして一九七六年には、ヴェルピライ・プラブハカランにより反政府武装組織の〝タミル・イーラム解放のトラ（LTTE）〟のトラが設立され、スリランカは二〇〇九年まで続く内戦の時代に突入していくことになる。

ラーマーヤナ／ラーマキエン物語の龍王

一方『マハーバーラタ』と並ぶ古代インドの二大叙事詩の一つ、『ラーマーヤナ』にも悪の存在としての龍王が登場するが、『ラーマーヤナ』のタイ語版ともいうべき『ラーマキエン』を題材とした仮面劇のコーンでは、〝マイヤラープ〟(図13)の段は人気の演目の一つになっている。

図13　マイヤラープの仮面を取り上げたタイの切手。

『ラーマーヤナ』のあらすじをごく簡単に要約すると、以下のようになろう。

北インドのコーサラ国の王子ラーマは、王位継承者の地位を追われ、妃シーターと弟ラクシュマナとともに都を去った。さらに、魔王ラーヴァナはシーターをさらってランカー(セイロン島)の居城に連れ去ってしまう。当初、ラーマはシーターの行方が分からなかったが、捜索の途中で猿族の王を助けたことで彼らの助力を得てシーターの所在を確かめ、猿の勇将ハヌマーンらとともに長きにわたる戦いの末にラーヴァナを破り、シーターを救出して都に凱旋する。

『ラーマーヤナ』はヒンドゥー文明の拡散とともに東南アジアにも広がり、各地でオリジナルの物語が翻訳され、さらに独自の要素が加えられて発展した。

そのタイ語版が『ラーマキエン』で、物語の大筋は『ラーマーヤナ』の原点に依拠しつつも、歴代国王によって随所に新たなエピソードや人物が付加されるなどの改変が行われ、タイ独自の内容に変化していった。たとえば主人公の名前はラーマのままだが、魔王ラーヴァナはトッサカンに、シーターはシーダーに名前が変わっている。

十三－十五世紀のスコータイ王朝時代にはすでにタイ人の間ではポピュラーな物語となっており、国王の名がしばしば『ラーマキエン』の登場人物から採られているほか、物語に登場するアヨータヤーは、王朝名にもなったアユッタヤーの語源にもなっている。

『ラーマキエン物語』のテキストには

①トンブリー王本（宮廷内の舞台で演じる台本の一部を国王自らが執筆）

②ラーマ一世本（最後までそろった完全版で、読み物として理解することを目的に書かれたもの）

③ラーマ二世本（シーダー妃の火渡りの場面など、宮内劇として上演可能な部分をコーンの台本にまとめたもの）

④ラーマ六世本（舞台劇としてふさわしく、かつ限られた時間内に上演が終わるよう、ラーマ二世本に手を加えたもの）

の四種類があり、これらを基に、仮面劇コーンが演じられる。

コーンは、本来は宮廷内のみで演じることが許されていた舞台芸術で、演目も『ラーマキエン』の物語に限定されていた。

古い時代には、役者全員が顔を隠すように頭からすっぽり動物の仮面をかぶっていたため、コーンでは役者は声を出さず、弁士（コン・パーク・チェーラチャー）の朗詠や歌、楽団の伴奏に合わせてパフォーマンスを行うようになった。後に、神々や天女などの登場人物は先の尖った頭冠を着用し、顔を出すようになったが、弁士が踊り手に代わって朗唱するやり方は現在でもそのまま続けられている。

さて、『ラーマキエン』に登場するマイヤラープは、龍王界を五万年に渡って治めた父王サハマリワンの後を継いで王位に就いた。臨終の際、サハマリワンは、トッサカンは自分たちの親族ではあるが性格が邪悪なので関係を断つよう息子に遺言した。

王位を継承したマイヤラープは、敵から国を守るため、仙術を身に付けようと仙人のスメートに弟子入りした。スメートはマイヤラープにさまざまな術を教えたが、その究極のものとして、心臓を取り出す術を伝授した。

術を伝授する儀式は、太陽の光を遮る大木の木陰で火を焚いて行われ、マイヤラープは白装束と数珠を身に付け、スメートは十五日間呪文を唱え、聖水を彼にかけ続けた。満願の日を迎えると、森の中がどんよりと曇り、マイヤラープの口から熊蜂が出てきた。蜂は右に三回、ぐるぐるとマイヤラープの周りを飛んだ。この様子を見て仙人は喜び、蜂を捕まえて「これがお前の心臓だ。これでお前は火に焼かれても死なない体になった」と告げたため、マイヤラープは取り出した心臓をトリークート山の頂上に隠し、龍王界に戻っていった。

マイヤラープは父の遺言を破り、トッサカンとの関係を断たなかったため、ラーマ王子との戦いで苦境に陥ったトッサカンは、マイヤラープに援軍を求めた。

これに応じて、マイヤラープはラーマ王子の軍勢と相対し、仙術を使って王子の兵たちを眠らせた。そこで、白猿のハヌマーンが巨大化し、ラーマ軍の兵士たちを口の中に避難させて仙術から護ったが（図14）、マイヤラープは自らの姿を消してハヌマーンの中に入り込み、ラーマ王子をさらって龍王界に連行した。

ところで、マイヤラープの妹、ピラークワンにはワイウィックという子があったが、占いによると、ワイウィックはいずれ国を奪うとされていたため、マイヤラープはワイウィックを監禁していた。そこで、マイヤラープはラーマ王子とともにワイウィックを煮殺してしまおうと、ピラークワンに処刑のための水をくんでくるよう命じた。

一方、ハヌマーンは誘拐された王子を探し、苦労の末に龍王界にたどり着いたが、そこで、頭が猿で下半身が魚の怪物、マッチャーヌと戦う。両者の戦いはなかなか決着がつかなかったが、戦いの過程で、マッチャーヌはかつてハヌマーンが恋愛関係にあった人魚との間につくった子であることが判明。二人は父子の

図14　バンコクのワット・プラケーオの回廊に描かれた『ラーマキエン』壁画のうち、ラーマ軍の兵士たちがハヌマーンの口の中に避難する場面を取り上げた1枚。この場面は『ラーマキエン』壁画の中でも最も有名なものの1つとして知られている。

再会を喜び、戦いは終わる。

マイヤラープに育てられた恩義のあるマッチャーヌは、ハヌマーンによるマイヤラープ討伐には加わらず、ハヌマーンはマイヤラープの元につながる池に一人で向かう。

ハヌマーンが池の側を通ると、ピラークワンがマイヤラープの命令で水を汲んでいるところだった。ハヌマーンは、ラーマ王子を助けるのを手伝ってくれたら、ワイウィックも助けると彼女に持ち掛ける。彼女もこれを了承し、ハヌマーンを蓮の繊維に変化させて自らの肩衣の一部として身に着けた。こうして、ハヌマーンは龍王界への潜入に成功する。

龍王界では、ハヌマーンとマイヤラープの死闘が長く続いたが、ピラークワンは、トリープート山中に箱があり、箱の中の虫がマイヤラープの心臓を持っているとの秘密をハヌマーンに教えた。これを聞いたハヌマーンは巨大化してトリープート山に手を伸ばし、箱をとって開け、虫を潰してマイヤラープを倒し、ラーマ王子を救出した。

マイヤラープが討ち果たされた後、占いの通り、龍王界はワイウィックが継承し、ハヌマーンの子、マッチャーヌは副官になった。

『ラーマキエン』の物語はその後も延々と続くのだが、紙幅の関係もあるので、本書ではとりあえず、マイヤラープの物語を紹介するだけにとどめておこう。

釈迦の屋根代わりになったムチャリンダ

仏法の守護者としての龍王／ナーガの性質を端的に示す伝説としては、ムチャリンダの物語が知られている。

ムチャリンダはナーガラージャの一人で、とある菩提樹を住処としていた。

悟りを開いてから間もない頃、釈迦はその菩提樹の木の下で瞑想を始めたが、ムチャリンダは釈迦の偉大さに気づき、瞑想を邪魔せずに見守った。

成道（＝悟りを開くこと）から四十二日後、釈迦とムチャリンダの菩提樹がある地域が嵐に襲われると、ムチャリンダは七つの頭を広げ（自らの身体を七回、釈迦に巻きつけたとする伝承もある）、七日間にわたって釈迦を風雨から守り続けた。嵐が止むと、ムチャリンダは人間の姿になり、ブッダに帰依したといわれる。

釈迦を護るムチャリンダの姿は古くから仏像・仏画の題材とされてきたが、タイやラオスではムッチャリンナーガラートの名で、土曜日の〝曜日仏〟として親しまれている（図15、16）。

日本人の多くが自分の十二星座を知っているのと同じような感覚で、タイやラオスでは自分の生まれた日の曜日を知っている人が大半で、それに基づくさまざまな占いやまじないがある。生まれた曜日ごとに色が決まっているというのもその一つで、日曜日は赤、月曜日は黄、火曜日はピンク、水曜日は緑、木曜日はオレンジ、金曜日は青、土曜日は紫となっており、自分の生まれ曜日の色を好んで身に着ける人は多い。

先代のタイ国王、ラーマ九世の生まれた一九二七年十二月五日は月曜日で、そのためかつてのタイでは、月曜日には、タイの公務員や銀行員などは黄色を着ることが推奨されており、街中に黄色のシャツの人々があふれかえっていた。また、タイでは政権批判の大義名分として「現政権は国王を蔑ろにしている」との主

図15　土曜日の曜日仏を描くタイの切手

図16　同じくラオスの切手

張が掲げられることがあるが、その際、政権批判派は（国王の象徴である）黄色のシャツを着て集まることにより、王室の尊重を訴える異議申し立ての意思表示をすることもあった。

こうした曜日ごとの色と並んでポピュラーなのが曜日仏で、以下のような設定になっている。

◆日曜日：プラプッタループ・パーンタワーイネート
成道後、布教の旅に出る前に右手を左手の上に組み、瞬きをせずに偉大なる菩提樹を見つめる立像

◆月曜日：プラプッタループ・ハーム・サムトーン
ネーランチャー河のほとりで千人の弟子を従えたゾロアスター教徒の迦葉三兄弟を訪れた時、河川の洪水を両手でせき止める奇跡を起こした際の釈迦の姿を表現した像で、左手を垂直に降ろし、右手のひらを胸の高さで外に向けて飢餓と日照りを制している立像

◆火曜日：プラプッタループ・パーンサイヤート
涅槃仏。右手を枕に乗せて腕を耳に当て、手のひらを開いて頭を抱え、左手は腰のほうへ伸ばして目を閉じ両足を揃えて横になった像

◆水曜日：プラプッタループ・パーンウムバート
（右手を側面に左手を底に添えて）托鉢の鉢を抱え、足を揃えた立像

◆木曜日：プラ・プッタループ・パーンサマーティ
菩提樹の下で、左手を下にして手のひらを組み、右足を上に胡坐をかいて瞑想している坐像

◆金曜日：プラプッタループ・パーンラムプン
右手を左手の上に置いて胸元で交差させ、仏法と伝道について瞑想する立像

◆土曜日：プラプッタループ・パンナークプロット
風雨の中、ムッチャリンナーガラートに護られながら瞑想している坐像

ちなみに、曜日ごとのシンボルカラーについてはタイとラオスで微妙な差異があり、タイでは土曜日の色は紫色だが、ラオスでは黒色になっている。

仏法の守護者としてのナーガ

ムチャリンダ／ムッチャリンナーガラートのように、著名なナーガラージャではなくても、仏教の守護者として寺院の入口などに、日本の金剛力士像などと同様の役割を担う存在として、ナーガの装飾が施されたり、ナーガの像が置かれたりする例も珍しくない。

たとえば、ラオスの国章にも描かれているヴィエンチャンのタートルアン（図17）は、多くのナーガに囲まれた仏塔として興味深い。

タートルアンは、もともと十三世紀初頭に建てられたクメール様式の仏塔で、その後、廃墟になっていたものを、ルアンパバーンからヴィエンチャンに遷都したラーンサーン王国のセーターティラート王の命で、一五六六年に改修されたものが直接のルーツである。

ヴィエンチャンを襲ったたび重なる戦乱により何度も破壊されたが、現在の塔は一九三〇年代の大修復後のものである。外壁の一辺は八五メートルの正方形、その中に六〇メートルの正方形の土台があり、その上に塔が立っているという構造になっている。

図17　タートルアンの遠景を取り上げた1959年のラオス切手

図17の切手は遠くから見たタートルアンの全体像を描いているため、塔の細部はわからないのだが、実際に近寄ってみると、正方形の土台に上る階段の手すり（図18）や階段の屋根の破風尻や軒、棟（図19）、塔の入口（図20）などにはいずれも一対のナーガが左右に配されているのがわかる。

なお、図17の切手はラオスがフランスから独立して間もない、王制時代の一九五九年に発行されたものだ

図 18　タートルアンの階段両脇手すりのナーガ。

図 19　土台に上る階段部分を含むタートルアンの遠景。円で囲んだ部分にナーガの装飾がみられる。

が、一九七八年にもこの切手の構図を意識したとみられる切手（図21）が発行されている。

ラオスでは一九六〇―七〇年代の内戦を経て、一九七五年十二月に王制が廃止され、社会主義政権のラオス人民民主共和国が成立した。図21の切手はその革命記念日を記念して発行されたものだが、印刷物としての品質はフランス時代の残り香が感じられる王制時代の切手に比べて大きく劣化しているのが印象的である。

また、カンボジアのアンコール・ワット寺院の北に位置するアンコール・トム（トムは〝大きい〟を意味するクメール語なので、直訳すると〝大都市〟の意）もナーガに守護された城砦都市遺跡として興味深い。

アンコール・トムは、その名の通り、高さ八メートルの城壁によって三キロ四方が囲まれた巨大都市で、外部とは南大門、北大門、西大門、死者の門、勝利の門の五つの城門でつながっている。現在の遺構の大半は、アンコール王朝のジャヤーヴァルマン七世（在位一一八一―一二一八年）が、チャンパ（現在のヴェトナム中

図20　タートルアンの塔本体の入り口部分を守護するナーガ（円で囲んだ部分）。

図21　1978年12月2日にラオスで発行されたナショナル・デーの記念切手には、仏塔を背景に舞う女性が描かれているが、彼女の立っている寺院入口にはナーガの装飾が見える。

部を拠点としていた王朝）によるアンコール侵攻を退けた後、戦争で荒廃した都市を再建して築かれたもので、城門にはそれぞれ、東西南北の四面に観世音菩薩の彫刻を施した塔になっており、門から堀に架かる橋の欄干はナーガ（蛇神）をイメージしたデザインとなっている（図22）。

図22　アンコール・トム遺跡を取り上げたカンボジアの切手。画面の左側には、鎌首をもたげる七頭のナーガが見える。

図23　ナーガを両脇に配した英領ビルマの1アンナ切手。

英国王を守護するビルマのナーガ

一九三八年十一月十五日に英領ビルマ（現ミャンマー）で発行された一アンナ切手（図23）は、当時の英国王ジョージ六世の肖像を中央に置き、両脇にナーガを配する構図になっているが、これは仏教寺院におけるナーガ（の装飾）の配置を応用したものとみることもできる。

一八二四年、英国によるビルマ支配の端緒となった第一次英緬戦争が勃発すると、英国はラングーン駐留部隊のための郵便を取り扱う責任者としてヒチンス大尉を任命し、マドラスまたはカルカッタ経由での英・ビルマ間の通信を開始した。ただしこの時点では、郵便印にビルマ域内の地名の表示はなく、当時のビルマ域内からの差出であることを特定するためには差出人による書き込みによるしかない。

ビルマ域内からの郵便物であることが郵便印によって確認できるようになるのは一八三四年以降のことで、初期の印には地名の表示はないが、料金支払い済みを示す〝Paid〟ないしは〝Bearing〟の字体などにより区別することが可能である。

一八五四年、インドで全土を対象とした最初の切手が発行されると、それらの切手はビルマにも持ち込まれて使用されるようになり、翌一八五五年十一月からは、局名を記号で表した消印（たとえば、ラングーンはB156）も使用された。

一八八五年、第三次英緬戦争によりコンバウン王朝が滅亡し、翌一八六六年一月一日付でビルマ全土は英領インド帝国に併合された。郵便に関しては、従前通り、英領インド切手がそのまま使われることになったが、こうした状況は一八九七年にビルマが英領インド副総督の統治する自治州になった後も変わらなかった。

一九一〇年代初頭、英領ビルマ憲法の改正により、限定的な権限を持つ議会、大学、そして英領インドの枠内のビルマ自治権が強化されたが、そのことは、ビルマ国民の民族的な自覚を促し、一九二〇年代後半には、学生ストライキと反英抗議運動が頻発した。特に、アラカンのウー・オッタマやウー・セインダら改革派の仏教僧は反映武装闘争を指導し、指導者の一人であったウー・ウィサラは、獄中で長期間のハンガーストライキを行った末に亡くなった。また、一九三〇年には、反英独立運動組織〝我らビルマ人協会（タキン党）〟も結成された。

一九三〇年十二月、タラワディでサヤー・サンらによる地方税への抗議運動が発生すると、反英闘争はビルマ全土に波及し、二年間続いた。いわゆる〝サヤー・サンの乱〟である。

サヤー・サンの乱では、叛乱の中核を担った結社は〝ガロン（ガルーダのビルマ語での呼称）〟を称し、英国をナーガに見立てて、善（＝ガロン）が悪（＝ナーガ）を倒すという印象操作に腐心した。

最終的に、英国は数千の兵を投入して叛乱を鎮圧し、サヤー・サンも逮捕・処刑されたが、ビルマ住民に対して政治改革を約束せざるを得なくなった。

そこで一九三五年、英国は新インド統治法を制定してビルマをインドと分離し、ビルマを直轄植民地としてビルマ総督の下の準自治州とした（ビルマ統治法）。

　これに対して、翌一九三六年には、ラングーン大学学生自治会の指導者、アウンサンとウー・ヌが大学幹部職員の一人を痛烈に批判して放校処分となったことに対する抗議デモがマンダレーまで拡大。全ビルマ学生連盟が結成され、アウンサンとウー・ヌは学生から国政へと転身した。

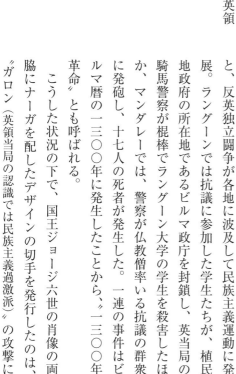

　こうした経緯を経て、一九三七年、ビルマ州は英領インド帝国から正式に分離され、ビルマには多くの権限をもった完全選挙制の議会が樹立された。これに伴い、それまで英領インド切手が使用されていたビルマでも独自の切手が導入されることになり、まずは英領インド切手に〝ＢＵＲＭＡ〟と加刷した切手（図24）が発行され、翌一九三八年、図23の切手を含めて、英領ビルマとして新たなデザインの正刷切手が発行された。

図24　英領インド切手に"BURMA"と加刷した1937年の切手。

　この間一九三八年には、ビルマ中部のチャウとイェーナンジャウンの油田でストライキが発生すると、反英独立闘争が各地に波及して民族主義運動に発展。ラングーンでは抗議に参加した学生たちが、植民地政府の所在地であるビルマ政庁を封鎖し、英当局の騎馬警察が棍棒でラングーン大学の学生を殺害したほか、マンダレーでは、警察が仏教僧率いる抗議の群衆に発砲し、十七人の死者が発生した。一連の事件はビルマ暦の一三〇〇年に発生したことから、〝一三〇〇年革命〟とも呼ばれる。

　こうした状況の下で、国王ジョージ六世の肖像の両脇にナーガを配したデザインの切手を発行したのは、〝ガロン（英領当局の認識では民族主義過激派）〟の攻撃に対して央領ビルマの体制を絶対に維持するという意思表示にはかならない。すなわち、切手に描かれたナーガは、央領ビルマ植民地の〝本尊〟ともいうべき国王（に象徴される植民地体制）を守護するために、その両脇に供奉していると見るのが妥当であろう。

御座船のナーガ

王権の象徴としてナーガの意匠が用いられた事例の中でも、最も優美なものはタイの王室御座船であろう。ちなみに、タイでは現在のメコン川は、雲南の大里で争った二匹のナーガのうち、敗れた一匹が東南方向に逃げた跡に雨水がたまってできたとの伝承がある。

王室御座船は、王室の特別な行事に際してのみ使用される豪華な装飾船で、その歴史はスコータイ王朝（一四六三年滅亡）の時代に、カオパンサー（入安居）の蝋燭点灯式やローイ・クラトーンの燈籠流しなどに際して、国土の行幸船として用いられたのが始まりだとされている。

アユッタヤー王朝時代には、首都のアユッタヤーが河川と運河に囲まれていたこともあり、王の権威と権力を可視化するための行事として御座船のパレードが盛んに行われたほか、ナーラーイ王（在位一六三二―一六八八年）の時代には、シャムを訪れたフランス国王ルイ十四世の使節団をもてなすため、二百艘のロングボートによるパレードも行われた。さらに、ボーロマコート王（在位一七三三―五八）の時代には、御座船パレードの際に使用される楽曲も整えられている。なお、当時の御座船はいずれも平底船だった。

アユッタヤー王朝滅亡の際、王室の御座船は戦乱により焼失したが、チャクリー王朝の創始者となったラーマ一世は、一七八二年にバンコクに遷都した後、アユッタヤー王朝時代以来の御座船の伝統を再興しただけでなく、新しい御座船の建設を命じた。なかでも、タイの代表的な木材であるチークの一本材を削り出してつくられた長さ五〇メートルの船〝シー・スーパンナホーン〟は、船首に聖鳥〝ホン（ブラフマー神の乗り物とされる金の鳥で、インド神話のハンサに相当）〟の装飾が施されており、王室御座船の最高傑作として国王専用の船として用いられた。

ラーマ四世の時代になると、御座船はトートカティンの儀式での船渡りにほぼ使用が限定される。トートカティンは、雨季の終わりを祝うオーク・パンサー（毎年、陰暦十一月の満月の日）の日に僧侶に僧衣を贈呈する儀式のことで、バンコクでは国王みずからが御座船に乗ってワット・アルンに出向き、僧たちに僧衣を下賜している。

シー・スーパンナホーンは後に老朽化が進んだため、ラーマ六世治世下でこれを模して〝スリ・スーパンナホーン〟が建造され、一九一一年十一月十三日に進水した。完成後、この船を手がけた職人の長は、すべての道具を捨てて二度と職人としての仕事をしないと誓ったという。全長四六・一五メートルの巨大な船で、五十人の漕手によって航行され、玉座や天蓋を乗せたうえで、王室の記念式典などの際に用いられている。最も格式高い御座船として、タイの象徴として紹介されることも多い（図25、26）。

一九三二年六月に立憲革命が起こり、立憲君主制に移行すると、御座船の管理は王室とタイ海軍が行うことになり、バンコク・ノーイのドックがその保管場所になった。バンコク・ノーイは、第二次世界大戦中、連合軍の空襲を受け、御座船も大きな被害を受けたため、一九四七年、芸術局が御座船の修復を担当。その後、引き続き芸術局は修復された御座船の管理も行うことになった。なお、第二次世界大戦後、王室によるトートカティンの船渡りは再開されたが、文化財としての御座船を保護するため、現在、御座船の使用は王族の重要な行事に限定されている。また、一九七二年以降、御座船のドックは芸術局所属の王室御座船国立博物館となり、一般公開されている。

図25　1967年にタイが発行した“国際観光年”の切手に取り上げられたスリ・スーパンナホーン。

図26　タイ政府観光庁のマークは、スリ・スーパンナホーンとワット・アルン（暁寺院）を図案化したデザインである。

シー・スーパンナホーン以外にもタイ王室は多くの御座船を所有しているが、そのなかでも、舳先にナーガをデザインしたものとしては、〝アネークチャートプチョン（図27）〟と〝アナンタナーカラート（図28）〟が有名である。

　このうち、アネークチャートプチョンは、もとはラーマ四世時代に造られた船だが、現在の船は一九一四年に造られた同名の二代目である。ほかの船と異なり、船首には大型の装飾が掲げられているわけではないが、〝さまざまな蛇〟を意味する船名の通り、船全体に細かいナーガの装飾が多数なされている。重量七・七トン、全長四五・四メートルで、六十一名の漕手と舵手・航海士各二名で操船する。

図27　1976年にタイが発行した王室御座船シリーズの切手のうち、“アネークチャートプチョンを取り上げた1枚。

図28　同じく“アナンタナーカラート”を取り上げた1枚。

　一方、アナンタナーカラート（図29）は、七首のナーガを船首とする御座船で、ラーマ四世時代に建造された御座船の〝アナンタナーガラージャ〟に代わる船として、ラーマ六世時代に建造され、一九一四年四月十四日に進水した。

　船首に据えられた七頭のナーダはゴールド・ラッカーで塗られ、ガラス装飾が施されている。船体外側は緑色、内側は赤色で、重量は一五・三六トン、全長四四・八五メートル。五十四名の漕手と十八名のクルー、二名の舵手で操船し、シー・スーパンナホーンに次ぐ格式の船とされている。

　船名のアナンタナーカラートは「ナーガの王、アナンタ」の意味で、乳海攪拌の際に神々に引っ張られたヴァースキのことである。御座船の意匠として採用されたのは、アナンタ／ヴァースキがヴィシュヌ神の乗り物であり、ヴィシュヌ神の化身としての国王（の魂）

図 29　実際のアナンタナーカラートを取り上げた写真絵葉書

がこの船に宿っているとの信仰に基づいている。

チェンマイのナーガ

本章の最後に、バンコクとは異なる文化的背景を有するタイ東北部のナーガの装飾についても簡単に触れておこう。

現在、タイの行政区域でいう、チェンマイ、チェンラーイ、ランプーン、ランパーンなどの北部の八県は歴史的に現地語で〝百万の田〟を意味する〝ラーンナー・タイ〟と総称され、近代以前は、スコータイからアユッタヤーを経てバンコクを王都とするタイ中部とは別の王国の支配下にあった。

すなわち、一二六二年頃、チェンセーン（タイの最北、ビルマとの国境の町）を拠点としていたムアン・ラーオ国の王であったマンラーイは南下政策を採ってチェンラーイを建設。さらに、経済的に豊かなランプーンのハリプンジャヤを攻略して、北部タイを掌中に収め、一二九六年に王都チェンマイを建設した。マンラーイの創建した王朝（マンラーイ王朝）は、その後、一五五八年にビルマに敗れるまでこの地を統治する。

一五五八年から一七七四年まで、ラーンナー・タイはビルマの支配下に置かれ、この間、チェンマイではなくチェンセーンが行政の中心となる、

ラーンナー・タイ人はビルマに抵抗したが、独力ではビルマを排除することができなかったため、ランパーンの支配者の家に生まれたカウィーラは、一七七四年、トンブリー王朝のタークシン王がビルマと戦った際、タークシン軍に加勢し、ビルマ軍をチェンマイから駆逐。続くチャクリー王朝のラーマ一世とも協力して、ラーンナー・タイの支配を回復し、カウィーラの血統を継ぐチェットトン王朝が九代に渡ってラーンナー・タイを統治した。

ただし、チェンマイの王の権威はバンコクの権威を背景としており、チェットトン王朝は実質的にチャクリー王朝に臣属していた。このため、一八八四年、チェットトン王朝の第七代君主のインタウィチャヤーノン公は、ラーマ五世が推進した中央集権化政策によって、チェンマイの主権を放棄させられる。インタウィチャヤーノン公の息子のケーオナワラットは、もはや〝公〟ないしは〝王〟とは名乗れず、バンコク政府から下賜された〝少将〟を名乗ることを要求され、一九三〇年代にはラーンナー・タイは西北州として名実ともにタイ王国の一部に編入された。そして、ケーオナワラットの死とともに、一九三九年に王家としてのチェットトン家も廃嫡され、名実ともにラーンナー・タイは〝シャム〟の一部になった。

一二九六年の王都チェンマイ建設から起算して七百年になるのを記念して、一九九六年にタイで発行された切手の一枚には、名刹〝ワット・パンタオ〟の礼拝堂入口の装飾が取り上げられている(図30、31)。

図30　ワット・パンタオの礼拝堂入口の装飾を取り上げたタイの切手

マンラーイ王朝時代の一三九一年から一四一一年にかけて、チェンマイの中心部に、第六代マンラーイ王クーナーの遺骨

図31　実際の礼拝堂の全景

を納めるための巨大な仏塔を擁する寺院、〝ワット・チェディ・ルアン〟が建立された（ただし、一五四五年の大地震とその後の台風で塔は崩壊。現在では基壇の部分しか残されていないが……）。

〝千の窯の寺〟を意味するワット・パンタオは、そのワット・チェディ・ルアンの仏像を鋳造するために設けられた寺で、もともとはワット・チェディ・ルアンとほぼ同じ十四世紀末に建立されたと考えられている。

現在の寺の礼拝堂は、もともとここにあったものではなく、一八七五年にインタウィチャヤーノン公が王宮内の建物をこの地に移築したもの。そのため、建物東側のメイン・エントランスの上には、チェットトン王家の紋章である孔雀のレリーフが掲げられている。

レリーフはチーク材の彫刻の上に金箔と色ガラスを施したもので、孔雀を中心に、上に仏塔が、両側にナーガが配されている。ナーガを支えているのは猿で、その両側にはブラフマー神の乗り物であるハンサがいる。

装飾の中心に配されている孔雀は、神経毒に耐性を持つと言われており、卵や雛を守るために毒蛇やサソリなどの毒虫を攻撃するだけでなく、それらを食べることもある。このため、その姿の美しさとも相俟って邪気を払う象徴とされ、ガルーダがナーガを食べるという設定のもとになったとも考えられている。

したがって、孔雀そのものは吉祥紋の題材としてふさわしいものだから、チェットトン家が紋所として採用しても不思議ではないが、やはり、〝宗主国〟にあたるバンコクのチャクリー家がガルーダの紋章を使っていたため、重複を避けたという面はあるだろう。

ところで、チャクリー家のガルーダはナーガを倒すものとされており、一九三〇年代のビルマの民族運動や英領ビルマの切手でも、両者は対立関係でとらえられてきた。

これに対して、ワット・パンタオの孔雀はナーガに守られているようにも見える。また、『ラーマキエン』では、ナーガラージャのマイヤラープは、猿族のハヌマーンと死闘を繰り広げるが、この装飾ではナーガはサルに支えられており、対立関係にあるようには見えない。

ビルマの民族運動にみられるように、仮にナーガが〝強大な力を持つ外部の存在（ビルマの場合は英国）〟の象徴であるなら、ラーンナーにとってナーガに相当する存在は宗属関係にあるバンコクのチャクリー家となろう。彼らとしては、その〝ナーガ〟と敵対するのではなく、彼らと共存することで王家の安泰を図ろうと考え、そのことがこうしたデザインにも反映されたのかもしれない。

なお、装飾下部の両脇に配されたハンサは、ここでは、ブラフマーの元へといたる修行僧の象徴とも、天に向かって上昇するシンボルと考えられる。

また、チェンマイの寺では、寺院の本尊の前に燭台を兼ねた衝立が置かれることがあるが、その名品として知られるのが、チェンマイ博物館の収蔵品になっている〝サッタパーン（図32）〟である。

サッタパーンは、中央上部に仏を守護する鬼神〝ヤック〟を置き、全体を二十八頭の龍が複雑に絡み合いながら覆いつくすデザインとなっている。精緻な彫刻に色ガラスと金箔で装飾を施した極めて芸術性の高い逸品だ。

ヤックのルーツは、古代インドの鬼神の一つで、サンスクリットではヤクシャ（女性形はヤクシーもしくはヤクシニー）と呼ばれていた。紀元前一〇〇〇年から同五〇〇年頃にかけてまとめられたヴェーダ神話では、財宝の神・クヴェーラの眷属という位置づけで、森林に棲む神霊として、人を食らう鬼神である反面、人間に恩恵をもたらす存在でもあった。

クヴェーラが四天王の多聞天（毘沙門天）として仏教に取り込まれると、その配下のヤクシャも天界八部衆、八大夜叉大将、十二神将などとして仏界を守護する護法善神になった。バンコクの王宮に守護神として屹立している巨大なヤック（図33）像はこの流れを汲むもので、現在ではタイ、特にバンコクの象徴として定着している。

そのヤックとナーガを組み合わせて寺の本尊を守護しようという姿勢は、あるいは、ビルマの侵略者を駆

図32　サッタパーンを取り上げた1996年のタイ切手

図33　バンコクの王宮のヤック像（の1つ）を取り上げた切手（2001年、タイ発行）

逐してくれたチャクリー王朝に対する感謝の念が込められていたということなのかもしれない。

第6章　メソポタミアからギリシャへ

ティアマトの創世神話

　ドラゴンの語源とされる〝ドラコーン〟は、もともとは〝するどく視るもの〟を意味する語で、おそらく、まん丸でまばたきすることなく獲物を見つめる蛇の目からの連想ではないかと考えられている。実際、古代世界ではドラゴンと蛇（サーペント）を厳密に区別していないと思われるケースが少なくない。

　バビロニアの創世神話『エヌマ・エリシュ』では、〝甘い水（淡水）〟を意味する男神の〝アプスー〟と、〝苦い水（海水）〟を意味する女神〝ティアマト〟が交わり、ムンム（霧の神）、ラハム（大蛇または顔の両側に六つの巻き毛を持った女の姿をしている）とラフム（大蛇または顔の両側に六つの巻き毛を持った男の姿をしている）の姉弟を生み、この二人からアンシャル（天空の神）とキシャル（大地の女神、アンシャルの姉もしくは妹にして妻）が、さらにこの二人からアヌ（天空や星の神、創造神にして最高神）が、その二人からエア（地の王）とその兄弟たちなど、さまざまな神々が生まれたとしている。

　ところが、多くの神々が生まれて非常に騒がしくなったため、アプスーとティアマトはこれを不快に思い、アプスーは神々を滅ぼそうとティアマトに提案したが、ティアマトはこれに反対した。そこで、アプスーはムンムとともに計画を実行しようとするが、それを悟ったエアは魔法でアプスーを眠らせて殺し、ムンムを監禁。さらに、アプスーの体の上に自らの神殿エアブズを建設し、妃のダムキナとの間には息子マルドゥクが生まれた。

　マルドゥクはエアよりも優れていたため、エアの父アヌはマルドゥクに四つの風を与えたが、マルドゥクが風で遊んだ結果、塩水でできたティアマトの体はかき乱され、ティアマトの中に棲む神々は眠れなくなった。

そこで、ティアマトはアプスーを殺したことへの復讐として、毒蛇やサメ、サソリ人間、嵐のデーモン、巨大な獅子、ドラゴン、狂犬など十一匹の怪物を生み、マルドゥクと戦った。ティアマトはマルドゥクを飲み込もうとしたが、三つの風が彼女の顎を押さえつけて、その口の中にマルドゥクが矢を射ってティアマトの心臓を射貫き、ティアマトを殺した。

ティアマトは蛇のような胴体で頭には角があり、長い尾があったが、マルドゥクはその死骸を切り裂き、その半分で空を作って高く留めると、残りの半分で大地をつくり、太陽が通れるように左右のあばらを切り裂いた。ティアマトの唾液は雨雲になり、鼻腔と鼻と尾は山や谷や洞窟になり、眼窩を通って二本の川が流れたという。

英雄（たる神）がドラゴンを退治して世界を平定するというストーリーは、チグリス・ユーフラテス川の洪水を防止する治水事業が王権維持の条件になってい

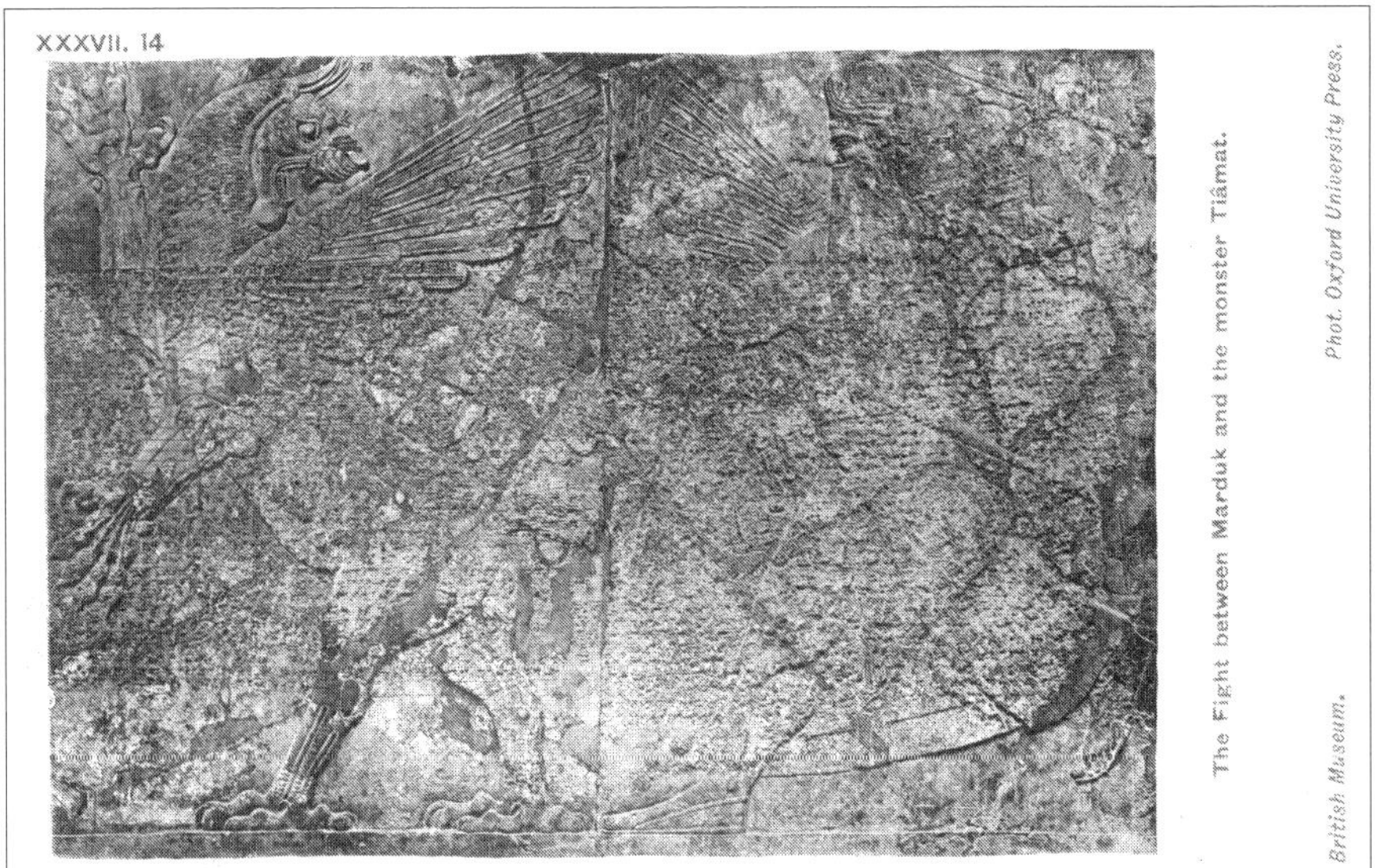

図１　マルドゥクとティアマトの戦いを表現したレリーフを取り上げた絵葉書

たことを反映したものであろう。逆にいえば、土着の蛇信仰の延長として、大洪水をもたらすがゆえに退治しなければならない存在を象徴するものとして、ドラゴンが生み出されたとも考えられる。

マルドゥクの最大の功績はティアマトを打倒したことであるため、古代メソポタミアの遺跡からはドラゴンの彫刻やレリーフなどが多数出土しており、ティアマトを討伐するマルドゥクを刻んだシュメールの円筒印章は有名である（図1）。

また、紀元前五七五年、新バビロニア帝国の首都バビロンの北側の正門として、皇帝ネブカドネザル二世が建設したイシュタール門には、王権がドラゴンを統御していることの象徴として、蛇と野獣を組み合わせた姿のドラゴンのレリーフが施されている（図2）。

門の名前になった〝イシュタール〟は、メソポタミア神話において広く尊崇された愛と美の女神で、シュメール神話に登場する豊穣神イナンナの系譜と地母神の血を引くとされている。門は全体が青い釉薬煉瓦で覆われており、高さ一一・四メートルで、イシュタールをはじめさまざまなレリーフが施されている。

図2　イシュタール門のドラゴンを取り上げた東ドイツの切手

門の存在が世界的に知られるようになったのは、一八九九年、ドイツの考古学者ロバート・コルドウェイがバビロンで青い釉薬のレンガを発見したことに始まる。

この地がバビロン遺跡だと確信したコルドウェイは、その後十八年の年月をかけて発掘作業を行った。この間、オスマン帝国との交渉を経て、一九〇三年から発掘品のベルリンへの移送が開始され、第一次世界大戦とオスマン帝国の解体を経て、バビロンが英委任統治領イラクに編入されると、今度は英イラク古美術局の支援を得て、一九二七年までに五千の木箱をベルリンに送った。

一方、ベルリンでは、一九一〇年からシュプレー川の中洲でペルガモン博物館の建設工事が始まっていた。同館はペルガモンの大祭壇（紀元前二世紀にペルガモンで建造。全長一〇〇メートル以上に及び、ギリシャ神話の神々と巨人族との戦いを表現したレリーフが施されている。一八六四年、カール・フーマンらが発見）を展示することを当初の目的としていたが、その過程で、館内にイシュタール門と三〇メートルに及ぶ大通り（行列通り）が博物館の中に復元され、一九三〇年に開館した。

ギリシャ神話の怪物の祖、テュポン

英雄神が悪龍を退治する過程で、天地の現在の姿が作られたというストーリーは、ギリシャ神話にも見られる。このため、バビロニアの物語が交易などを通じて地中海方面に伝来、伝播し、その一部要素がギリシャ神話に取り入れられた可能性も指摘されている。

イオニア人（アテナイなど）、ドーリア人（スパルタなど）、アイオリス人、アカイア人の四大集団は、紀元前二〇〇〇年頃から（ドーリア人は少し遅れて一一〇〇年頃）、テッサリア（現在のギリシャ中部）方面から南下してペロポネソス半島一帯に定住したが、先住民を征服する過程で、先住民の伝承していた蛇神信仰が、ゼウスを主神とするギリシャ神話によって否定された。ゼウスとテュポンとの戦いは、そうした民族の記憶を表現したものであろう。

ギリシャ神話において、すべての怪物の祖とされる〝テュポン〟は、大地母神ガイアとタルタロスとの間の子だ。

ガイアとウラノス（天空の神で、全宇宙を最初に統べた原初の神々の王とされる）は、クロノス（ウラノスの末子で、農耕の神にして巨神族ティタンの長。さらにウラノスの次に全宇宙を統べた二番目の神々の王）の王権を奪ったゼウスに対して、「ゼウスと女神メーティスとの間には、最初に母に似て智慧と勇気を持つ娘が生まれ、次には傲慢な息子が生まれるだろう。そしてゼウスの王権は再度、彼らによって簒奪されるだろう」と予言した。このため、メーティスが身籠もると、ゼウスは妊娠したままのメーティスを飲み込んで、予言を否定しようとした。

しかし、胎児はゼウスの体内で成長し、月日が満ちて、ゼウスの頭を割って甲冑をまとった女神の姿で現れた。これがアテナで、ゼウスは彼女を特に寵愛したため、他の神々は嫉妬した。

特に、ゼウスの妻ヘラの嫉妬と怒りはすさまじく、彼女はゼウスのもとから離れ、ゼウス以外の男神との間にゼウスに匹敵する力を持つ子を産むことを決意し、テュポンを生んだ。

テュポンは、大蛇ピュトンの妻、デルピュネを乳母として育ち、幼少の頃から地の国タルタロスから這い出して、キリキアの洞窟から地上に現れては見る者に恐怖を与えていたが、成長すると、その巨体は星々と頭が摩するほどで、その腕は伸ばせば世界の東西の涯にも達した。腿から上は人間と同じだが、腿から下は、二匹の巨大な毒蛇がとぐろを巻いたような脚があった。

図３　ギリシャの壺絵に描かれたテュポン

翼をもち、肩からは百の蛇もしくは龍の頭が生え、火のように輝く目を持ち、炎を吐き、その怪力は底知れぬものがあった。またあらゆる種類の声を発することができ、声を発するたびに山々が鳴動したという（図3）。

成長したテュポンは不死の怪女エキドナを妻とし、彼女との間には、オルトロス、ケルベロス、ヒュドラ、キマイラなど、多くの怪物が生まれた。後に、多くの怪物がテュポンとエキドナの子供とされ、アポロドロスの『ビブリオテーケー（ギリシャ神話）』では、ネメアの獅子、不死の百頭龍、プロメテウスの肝臓を喰う不死のワシ、スピンクス（スフィンクス）、パイアが、さらに、ヒュギヌス『神話集』では、これらに加えてゴルゴンや金羊毛の守護龍、スキュラをもテュポンの子としている。

テュポンは火炎を発しながらゼウスとオリュンポスに戦いを挑み、ゼウスが雷鳴を轟かせて応じると、大地は炎上して天と海は煮えたぎり、大地は激しく振動し、冥府を支配するハデスも、タルタロスに落とされたティタンたちも恐怖したという。

また、『ビブリオテーケー』によると、テュポンがオリュンポスに戦いを挑み、天空に向けて突進すると、オリュンポスの神々は恐怖を感じ、動物に姿を変えてエジプトに逃げてしまった。エジプトの神々が動物の姿をしているのはこのためだという。ちなみに、オウィディウスによると、ゼウスは牡羊に、アポロンはカラスに、ディオニュソスは牡山羊に、アルテミスは猫に、ヘラは白い牝牛に、ヘルメスは朱鷺に変身したとされる。一方、アントニヌス・リベラリスによると、アポロンは鷹に、ヘルメスはコウノトリに、アレスは魚に、アルテミスは猫に、ディオニュソスは牡山羊に、ヘラクレスは小鹿に、ヘパイストスは牡牛に、レートーはトガリネズミに変身したとされる。

これに対し、ゼウスは距離を取っては雷霆を投じてテュポンを撃ち、接近戦では金剛の鎌で切りつけた。激闘の末、テュポンはシリアのカシオス山へ追いつめられたが、そこで反撃に転じ、ゼウスを締め上げて金剛の鎌と雷霆を取り上げ、手足の腱を切り落としたうえ、デルポイ近くのコーリュキオン洞窟に閉じ込めた。そしてテュポンはゼウスの腱を熊の皮に隠し、上半身が人間の女で下半身が蛇またはドラゴンという龍女デルピュネに見張りをさせ、自分は傷の治療のために母ガイアの下へ向かった。なお、神託の場で有名なデルポイの地名は、デルピュネに由来するという説もある。

ゼウスが囚われたことを知ったヘルメスとパンはゼウスの救出に向かい、デルピュネを騙して手足の腱を盗み出し、ゼウスを治療した。力を取り戻したゼウスは再びテュポンと壮絶な戦いを繰り広げ、深手を負わせて追い詰める。

テュポンはゼウスに勝つために運命の女神モイラた

ちを脅し、どんな願いも叶うという〝勝利の果実〞を手に入れたつもりになったが、女神たちはテュポンを騙して、決して望みが叶うことはないという〝無常の果実〞を与えたため、その実を食べたテュポンは力を失った。

以後、敗走を続けたテュポンはトラキアでハイモス山（バルカン山脈）を持ち上げてゼウスに投げつけようとしたが、ゼウスは雷霆でハイモス山を撃ったので逆にテュポンを押しつぶし、山にテュポンの血がほとばしった。

最終的にテュポンはシケリア（シチリア）島まで追い詰められ、エトナ火山の下敷きにされた。以来、テュポンがエトナ山の重圧を逃れようともがくたび、噴火が起こるという（図4）。

ゼウスはヘパイストスにテュポンの監視を命じ、ヘパイストスはテュポンの首に金床を置き、鍛冶の仕事をしているという。ただし、シケリア島に封印されているのはエンケラドスとする説もある。

図４　噴煙を上げるエトナ山の噴火口を取り上げたイタリアの切手。

金羊毛

海神ポセイドンの子ペリアスは、異父兄弟でイオルコスの王、アイソンに対して、アイソンの子、イアソンが王位にふさわしい年齢になるまで玉座を預かると称して王位を簒奪した。アイソンはイアソンを連れて山中に逃れ、ケンタウロスのケイロンに息子の養育を託した。

イアソンは二十歳になると王位を継ぐためにイオルコスに帰還したが、王位を返還する意思のないペリアスは、「コルキスの秘宝、金羊毛を持ち帰ってきたら王位を譲る」と難題を出し、イアソンを追い返した。

金羊毛は翼を持つ金色の羊の毛皮で、コルキス王の下、眠らないドラゴンが守っているとされる。

そこで、イアソンは五十人の勇士（アルゴナウタイ）を集め、アルゴー号に乗ってコルキスに向かい、コルキス王のアイエテスに金羊毛を渡すよう願い出たところ、アイエテスは、

①青銅の口と真鍮の蹄を持ち、炎を吐く一組の雄牛に鋤を引かせてアレスの平原を耕す

②耕した畑には、カドモスがテーベで倒したドラゴンの歯のうち、アテナの女神がアイエテスに与えた分の残りを撒く

③ドラゴンの歯を蒔くとそこから兵士が生えてくるので、それを一人ずつ殺す

図5　龍の引く戦車に乗るメデイア

との難題をクリアできたら王位を譲ろうと約束した。

この一部始終を聞いていたのが、アイエテスの娘、メディアである。

メデイアは太陽神ヘリオスの孫で、ヘリオスから授かった龍の戦車を駆使して天空を移動する（図5）。ロドスのアポロニオスによると、メデイアは女神ヘカテからあらゆる魔法の薬草とその扱い方を学んだだけでなく、月の女神セレネを恋の魔法で地上に引き下ろし、夜空から月明かりを消し去った暗黒の中で、白らも不道徳な魔法を研究した。

彼女は魔法を用いて、激しく燃える炎の勢いを和らげ、川の流れを堰き止め、星々や月の運行を妨げることができた。なかでも、プロメテイオン（カウカソスの山頂に縛られたプロメテウスが不死身の大鷲に肝臓を食われた際、大地に飛び散ったイコルから生まれた薬草）から作った魔法の薬を真夜中にヘカテに供えた後、身体や武器・盾に塗りつけると、一日の間だけだが刃や火から身を護り、無双の力を得ることができたという。

メディアはヘカテの宮殿でイアソンと密会した際に、イアソンが雄牛の炎に焼かれぬようプロメテイオンから作った秘薬を渡しただけでなく、ドラゴンの歯から生える兵士たちについても、彼らに石を投げれば彼らは怒りで我を失い、互いに殺しあうであろうと知恵を授けた。

こうして、メデイアの協力でアイエテスの難題を片付けたが、アイエテスは約束を破って金羊毛のありかを教えず、イアソンを殺そうとしたが、またしてもメデイアの助けにより金羊毛のあるアレスの森へとたどり着いた。

そこで、メデイアは金羊毛の番をしていたドラゴンを眠らせるため、呪文を唱えて眠りの神ヒュプノスに助力を乞い、ヘカテに加護を祈った。すると、ドラゴンは力を緩め、警戒を解いたが、完全には眠らなかったため、彼女は切り取ったばかりの杜松（ネズ）の枝を薬草の汁に浸し、魔法の秘薬をドラゴンの眼に直接ふりかけ、最後にその頭に薬を塗って完全に眠らせた。その結果、イアソンは金羊毛を手に入れることができた。

金羊毛を手にしたイアソンはメデイアを連れて勇士たちとコルキスを出発し、故郷に戻ったが、金羊毛を渡してもペリアスが王位を譲らないため、ペリアスの娘たちを騙して父親を殺させた。しかし、そのことを罪に問われ、イアソンとメデイアは国外追放になり、コリントスで暮らすことになる。そして、イアソンがコリントスの王女グラウケに恋し、メデイアと離縁したため、怒ったメデイアはイアソンの一族すべてを根絶やしにしてしまった。

ヘラクレスとヒュドラ

ギリシャ神話の中でも龍と戦う英雄といえば、ヘラクレスを思い出す人も多いのではないか。

ヘラクレスはゼウスとアルクメネの子だ。

ゼウスはミュケナイ王エレクトリュオンとアナクソの娘、アルクメネを見初めたが、彼女はタポスとの戦いのため遠征に出ていた許嫁のアムピトリュオンとの結婚の約束を守り、ゼウスになびかなかった。

そこで、アムピトリュオンが戻る前夜、ゼウスはアムピトリュオンに化けてアルクメネを訪ね、夜を三倍の長さにしてアルクメネと一夜を共にして思いを遂げた。翌日、本物のアムピュトリュオンが彼女の許へ戻り、関係を結んだため、アルクメネは神の子、ヘラクレスと（本当のアムピトリュオンとの子である）イピクレスの双子の母になった。

アルクメネが産気づいたとき、ゼウスは「今日生まれる最初のペルセウスの子孫が全アルゴスの支配者となる」と宣言したため、ゼウスの妻ヘラは〝不貞の子〟であるヘラクレスを生まれる前から憎んでいた。

ヘラクレスの誕生後、ゼウスはヘラクレスに不死の力を与えようとして、眠っているヘラの乳を吸わせたが、ヘラクレスが乳を吸う力が強く、痛みに目覚めたヘラは赤ん坊を突き放した。ちなみに、このときヘラの乳首から飛び散った乳が天の川になったという。

成長したヘラクレスは武術の達人になり、キタイロン山で退治したライオンの頭と皮を兜・鎧のように身につけて戦うようになり、クレオン王の娘メガラを妻として二人の子をもうけた。しかし、ヘラの奸計により狂気に陥ってしまい、自らの子とイピクレスの子を炎に投げ込んで殺してしまう。その後、正気を取り戻したヘラクレスは、罪を償うためにデルポイに赴き、「ミュケナイ王エウリュステウスに仕え、十の勤めを果たせ」というアポロンの神託を受けた。

これが後に〝ヘラクレスの十二の功業〟と呼ばれる事績の発端になるのだが、その一つとして挙げられているのがレルネのヒュドラ退治である。

ヒュドラは古典ギリシャ語で〝水蛇〟の意。神話ではアルゴリス地方のレルネに住む怪物で、巨大な胴体に九の首を持つ大蛇の姿とされるのが一般的だが、首の数については五十や百とされることもある。また、図像としては首の数は簡略化されて三、五など九以下の奇数で表現されることもある。

たとえば図6は、ナチス政権下のドイツで発行された〝ミュンヘン一揆二十一周年〟の記念切手だが、切手には、ナチス・ドイツを象徴する鷲がヒュドラを思わせる三頭蛇（ワイマール体制の象徴か）を捕えるさまが描かれている。

一九二三年のミュンヘン一揆は、ヒトラーとナチスの存在を、広くドイツ社会に認識させるうえで重要な

図6　ナチス政権下のドイツで 1944 年 11 月 9 日に発行された“ミュンヘン一揆 21 周年”の記念切手。

契機となった。それゆえナチス時代には事件の起きた十一月九日は祝日とされ、その意義が繰り返し強調されていた。

第一次世界大戦に敗れたドイツでは、政治的・社会的・経済的に混乱して国民は困窮し、極右と極左が急速に支持を拡大していた。一九二三年一月、フランス・ベルギー両軍が賠償金支払いの遅滞を理由に、ドイツの重要な工業地帯であるルール地方を占領した。いわゆるルール占領である。

これに対してドイツ政府は、ルール地方の炭鉱や工場の労働者に対してストライキを呼びかけ、賃金を保証するために紙幣を増刷したが、その結果、大戦が勃発した一九一四年との比較で、通貨マルクの価値は、一九二三年一月末の時点で一万分の一、同年八月に入ると百万分の一、さらに十月に入ると一億分の一へと急降下し、社会全体がハイパーインフレーションに覆われた。

南部のバイエルン州では、急速に勢力を拡大していた国民社会主義ドイツ労働者党（ナチス）が政府の抵抗が弱腰だと批判し、右派やミュンヘンにおける軍の実力者フランツ・フォン・エップ、エルンスト・レームの支持を得ていた。

結局、ルール占領に対するドイツ政府の抵抗は経済の停滞とハイパーインフレを招いただけで惨憺たる失敗に終わり、八月十三日、ヴィルヘルム・クーノ内閣は総辞職し、グスタフ・シュトレーゼマン内閣が成立した。シュトレーゼマンは抵抗運動の中止を模索したものの、抵抗継続派が多数を占めていたバイエルンでは「（ドイツ帝国を倒した）十一月革命という屈辱の精算」というスローガンとともに反ベルリンの機運が盛り上がり、九月二日、ナチ党、突撃隊、国旗団、オーバーラント団などが結集して右翼軍事組織連合〝ドイツ闘争連盟〟が結成された。その実質的な指揮権はヒトラーが掌握していたが、形式上は、第一次世界大戦中のドイツ陸軍参謀次長で、右派の間で絶大な人気を誇っていたエーリヒ・ルーデンドルフが名誉総裁に就任する。

九月二十日、バイエルン州首相オイゲン・フォン・クニリングは州内で非常事態を宣言し、一九二〇―二一年に州首相を務めたグスタフ・フォン・カールを州総督に任命して独裁的権限を与えた。カールはバイエルン駐在の第七軍管区司令官オットー・フォン・ロッソウ少将、州警察長官のハンス・フォン・ザイサー大佐とともに三頭政治体勢をとり、反ベルリン姿勢を鮮明にしたため、バイエルン州政府とベルリン中央政府の緊張が高まった。

当時のバイエルンの右派の間では

①前年（一九二二年）のムッソリーニのローマ進軍に倣った〝ベルリン進軍〟を行い、右派独裁政権を樹立する

②現状を維持して妥協を図る

③バイエルン州がドイツから独立する

の三つの選択肢が論じられていたが、最終的に、ロッソウは〝ベルリン進軍〟を選択。十月二十六日には進軍計画〝秋季演習〟が策定された。ただしこの時点では、ナチスが計画に参加することは想定されていなかった。

ところが十一月六日、カールらはナチスを除く国家主義団体の指導者を召集し、〝体制が整った後〟のベルリン進軍を決議する。これは、現状では体制が整っていないとして、進軍計画を事実上延期するものであったため、カールは弱腰と非難され、失望感が広がった。

そこで、六日夜、ヒトラーらは十一月十一日に蜂起し、州政府を制圧する方針を決定。十一月七日には主要機関をドイツ闘争連盟員が制圧する武装蜂起計画が策定されたが、さらに七日夜、ヒトラーは新たな計画を提案。新計画は、翌八日、ミュンヘン最大のビアホール〝ビュルガーブロイケラー〟でカールが演説を行い、その席にはロッソウとザイサーも出席するので、この席でバイエルン州の三人の首脳を説得し、闘争連盟への支持を求めるというもので、これが最終的にナチス

の方針として採択された。

こうして、八日午後八時、ヒトラーがビュルガーブロイケラーに到着。武装した突撃隊員は周囲を警備していた警察官たちを退去させ、カールが演説をしていた午後八時三十分、ホールに突入した。ヒトラーはブローニング拳銃を天井に向かって発砲し「静粛に！　国家主義革命が始まったのだ。誰もここを出てはならぬ。ここは包囲されている！」と叫び、三人の首脳（カール、ロッソウ、ザイサー）に生命の保証を約束し、ドイツ闘争連盟を中心とする臨時政府への権限委譲と、ベルリン進撃への協力を要求した。

ヒトラーがビュルガーブロイケラーを占拠した、との情報を得たルーデンドルフは現場に急行。一方、ヒトラーの協力要請に対して、カール、ロッソウ、ザイサーらは渋っていたが、ルーデンドルフの説得を受けると、まず軍人のロッソウが協力を約束。ついで警察大佐のザイサーもこれに従い、最終的には文官のカールも協力を表明した。

しかし、ヒトラーが後をルーデンドルフに任せてビュルガーブロイケラーを一時的に離れると、ルーデンドルフは三人を信用して解放してしまう。そして、日付が変わった翌九日深二時五十五分、三人の名で「反乱は認められない。我々は銃を突き付けられて支持を強要されたにすぎない。これは無効である。もしこれを認めれば、バイエルンはおろか全ドイツが破滅する」との声明がラジオ放送で布告されたことで、軍と警察は反乱鎮圧に転じた。

これにより、形勢は逆転。それでも、九日午前十一時三十分、一揆側は、ヒトラーを中央に、左にルーデンドルフ、右にマックス・エルヴィン・フォン・ショイブナー＝リヒターが先頭に並び、ミュンヘン市中心部へ向けて行進を開始した。彼らは、警察も第一次世界大戦の〝英雄〟であるルーデンドルフに発砲はしないだろうと考えていたが、バイエルン警官隊は彼らに向けて発砲。これにより、ほぼ丸越しだったナチ党員たちの一団は総崩れになり、ルーデンドルフは逃げることなく、警官たちの方へ歩み、そのまま逮捕された。

またヒトラーは、シュタッフェル湖のほとりにあるナチス幹部エルンスト・ハンフシュテングルの別荘に逃亡したが、二日後の十一日に逮捕された。その際、ピストルで自殺を図ろうとしたヒトラーに対して、ハンフシュテングルの妻エルナが銃を取り上げ「あなた自身が死んでも、あなたを信じてついてきた者を見捨てるのか」と説得。ヒトラーは法廷闘争を選択する。

これがいわゆるミュンヘン一揆のあらましで、ナチス時代のドイツでは、事件の始まった十一月八日ではなく、行進が開始された翌九日が事件の記念日として大々的に祝われていた。図6の切手の日付が〝十一月九日〟になっているのもこのためである。

その後、ヒトラーら一揆の指導者九人に対する裁判は翌一九二四年二月二十六日に開廷し、ヒトラー自身は五年の城塞禁固刑となり、ランツベルク・アム・レヒの要塞刑務所の七号室に収監された。この収監中、彼は差し入れられたチェンバレン、ニーチェ、マルクス、ランケなどの大量の本を読み、著書『我が闘争』を口述で執筆。判決から半年後、ヒトラーは保護観察処分に減刑され、十二月二十日に仮出獄。出所後のヒトラーは、一揆が簡単に制圧された経験から、武力革命に見切りをつけ、言論・演説・選挙といった民主的手段による政権奪取に軸足を移していくことになる。

ヒュドラの毒

さて、話をギリシャ神話に戻すと、ヘシオドスによれば、ヒュドラはヘラクレスに対するヘラの恨みと憎しみの感情から育ったという。ヒュドラは不死身の生命力を持っており、九の首のうち八つは倒すことができるが、すぐに傷口から新しい二本の首が生え、中央の首は決して死なない。ヒュドラの猛毒は決して解毒することができず、ヒュドラの毒を含んだ息を吸っただけで人が死ぬばかりか、ヒュドラが寝た場所は猛毒が残っているために、その場所を通った者も苦しみ悶えて死んでしまう。

ネメアの獅子退治に続く二番目の難行として、ヒュドラの退治を命じられたヘラクレスは口と鼻を布で覆いながらヒュドラの住むレルネの沼地へ行き、ヒュドラの巣に火矢を打ち込んだ。しかし、ヒュドラの首をどれほど棍棒で叩き潰しても、傷口からはすぐに二つの首が再生し、倒せば倒すほど首が増えてしまう。

そこで、ヘラクレスは甥のイオラオスに助けを求め、

図7　イオラオスと協力してヒュドラを倒すヘラクレス

イオラオスが首の傷口を松明の炎で焼き焦がし、首が再生するのを防いだ(図7)。さらにヘラクレスは、中央に位置する不死身の首を切断し、巨大な岩の下敷きにして、ついにヒュドラを倒し、ヒュドラはうみへび座となった。

また、ヘラクレスの死を願うヘラは、ヒュドラと戦っているヘラクレスの足を切らせるために化け蟹・カルキノスを送り込んだが、ヘラクレスは難なく踏み潰し、カルキノスはかに座となる。

こうしてヒュドラを倒して凱旋したヘラクレスだったが、エウリュステウスは、この苦行は一人で行われなかったため達成されなかったとして、〝功業〟としてカウントすることを認めなかった。

戦いの後、ヘラクレスはアテナの助言に従い、ヒュドラの体を切り裂いて猛毒を含んだ胆汁を取り出し、自分の矢に塗ってその後の戦いに用いることになる。

実際、ヘラクレスはこの毒矢を使ってヘスペリデスの龍、ラドンを倒している。

ヘラの果樹園〝ヘスペリデスの園〟は世界の西の果て、あるいは北方のヒュペルボレイオス人の国にある。そこには、ヘラとゼウスの結婚の際にガイアから贈られた黄金のリンゴの林があり、その実を食べると不死が得られるが、黄金のリンゴは不死の百頭龍ラドンが番をしているので、ヘラ以外の者が自由に採ることはできない。

ヘラクレスの功業の十一番目は、ヘスペリデスの園からこの黄金の林檎を盗み出すことだった。

果樹園の場所を知らなかったヘラクレスは、まず、海岸で眠っていた水神ネレウスを襲ってその場所を聞き出そうとする。不意打ちを食らったネレウスは怪物や水、火などに変身して逃れようとしたが、ヘラクレスに打ち負かされ、最終的には場所を教えた。

そこで、ヘラクレスはヘスペリデスの園に赴き、ヒュドラの毒を塗った矢でこれを倒して林檎を手に入れた

図8　ラドンと戦うヘラクレス

のである。なお、ヘラクレスに倒されたラドンは、りゅう座となった（図8）。

その後、十二の功業を達成した後も多くの冒険を重ねたヘラクレスは、カリュドンでオイネウス王の娘デイアネイラに求婚していた河神アケロオスと戦って勝ち、デイアネイラと結婚する。その後、エウリュトスを攻め滅ぼし、捕虜にしたイオレを寵愛した。

ところで、ヘラクレスとデイアネイラは、あるとき、息子のヒュロスを連れて川を渡ろうとして、川辺にいたケンタウロスのネッソスの申し出を受けてネッソスにデイアネイラを担いでもらったことがある。その際、早く向こう岸に着いたネッソスがデイアネイラを犯そうとしたためにヘラクレスはヒュドラの毒矢でこれを射殺したが、ネッソスは最後に「自分の血は媚薬になるので、ヘラクレスの愛が減じたときに衣服をこれに浸して着せれば効果がある」と言い残した。デイアネイラはそれを信じ、ネッソスの血を保管していた。

そこで、イオレに移ったヘラクレスの心を取り返したいと考えたデイアネイラは、ネッソスの血に浸した服をヘラクレスに送った。ヘラクレスがその服を身につけたところ、たちまちヒュドラの猛毒が回って体が焼けただれ始めて苦しみ、その苦痛に耐えかねた彼は薪を積み上げてその上に身を横たえ、ポイアスに火矢を射ち込んでもらい、生きながら火葬されて死んだという。

第7章　ドラコの末裔たち（ルーマニア・ウェールズ）

ダキアのドラコ

ドラゴンの語源となった〝ドラコ〟は、もともとは古代ダキア（ダチアとも）の軍で用いられていた軍旗、すなわち、蛇のように細長く、先端に狼の頭の装飾のついた旗のことだった（図1）。

図1　ドラコを掲げるダキア兵を描くルーマニア切手（上部はドラコの部分を拡大表示）。

ダキアは、ドナウ川の北側、現在のルーマニア国家の領域の南ドブロジャ（ドナウ・デルタを含むドナウ川下流域から黒海にかけての一帯のうち、現在はブルガリア領となっている地域）、北ブコヴィナ（現在のウクライナ・チェルニウツィー州に相当する地域）、モルドヴァ共和国の領域をあわせた地域にほぼ相当しており、古代には、ここに居住するトラキア系の民族はドナウ川をはさんでローマ帝国と対峙していた。

ローマ皇帝ウェスパシアヌス帝（在位六九―七九）の時代に、ダキアはローマと講和したが、八五年、ローマの属州モエシアに侵入してローマの総督を殺害した。このため、翌八六年、ドミティアヌス帝は大軍を派遣したが、デケバルス率いるダキアはローマ軍を全滅させて総司令官のコルネリウス・フスクスを討ち取り、ローマは多額の金銭を支払って八九年に和を結んだ。

九八年にローマ皇帝として即位したトラヤヌスはダキア征服を果たそうと、一〇一年、自ら遠征軍を従えてダキアに侵入し（第一次ダキア戦争）、翌一〇二年、ダキアを屈服させたが、一〇五年、ゲテバルスは和約を破ってドナウ川流域のローマ属州を攻撃したため、トラヤヌスは再び親征。この第二次ダキア戦争は一〇六年にゲテバルス王の戦死でトラヤヌスの勝利に終わり、ダキアはローマの属州になった。

その後、ローマの支配下でダキアはローマ化され、〝ローマ人の末裔〟としてのルーマニアの基礎が築かれたというのが現在のルーマニア人の歴史認識である。

さて、戦利品として軍旗のドラコを持ち帰った兵士たちに、トラヤヌスはこれをローマ軍旗として棹の先に付けることを命じ、この旗は主に小隊で使用された。

同時に、ドラコはダキアの象徴としてローマ帝国の領域内で広く知られるようになり、ダキアの末裔としてのルーマニアを示すアイコン（のひとつ）にもなった。

たとえば、二〇〇七年にEUに加盟したルーマニアは、二〇一九年、持ち回りの議長国になったが、そのことを記念して発行された切手（図2）には、ルーマニア国旗とEU旗で構成された。ドラコのイメージがデザインされている。

さらに、遠く離れた中国でも、一九八〇年九月二十日、〝ルーマニア史上最初の中央集権と独立のダキア国建国二〇五〇周年〟の切手が発行され、そこにはドラコを掲げるダキアの兵士のイメージが描かれている（図3）。

中国がダキアの記念切手を発行したのは、ソ連と距

図2　ルーマニアがEUの持ち回り議長国になったことを記念して発行された切手

図3　中国が発行した〝ダキア建国2050年〟の記念切手

離を置いていた当時のルーマニアが、中ソ対立の文脈において、貴重な社会主義の友好国だったからである。一九六五年にルーマニアで権力を掌握したチャウシェスクは、産油国としての石油収入もあって、一九七〇年代半ばまでは比較的に順調な国家運営を行っていた。

特に、一九六八年、チェコスロヴァキアで民主化を求めて発生した〝プラハの春〟に対して、ソ連を中核とするワルシャワ条約機構軍がこれを武力で鎮圧した際、チャウシェスクはチェコスロヴァキア弾圧に加担せず、ソ連を非難し、国民の喝采を浴びた。

もちろん、チャウシェスクは〝民主化の旗手〟としてソ連と戦ったわけではなく、自らの独裁体制を維持するため、〝ソ連の脅威〟を煽ることで国内の団結を図るという政治スタイルだったわけだが……。

しかし、冷戦時代の国際社会では、〝反ソ〟の観点からチャウシェスクに好意的な印象を持つ国も少なくなかった。例えば、ニクソンがアメリカ大統領として初の東欧訪問国としてルーマニアを選んだのも、同じく修正主義のソ連を敵として非難していた中国がルーマニア共産党との友好をアピールする切手を発行しているのも、こうしたルーマニアの独自外交の〝成果〟といってよい。

その一方で、一九七一年、中国・北朝鮮を歴訪したチャウシェスクは、かの地で、毛沢東や金日成に対する異常な個人崇拝やマスゲームなどを目にして感動し、ルーマニアでも自分に対する個人崇拝を強制すべく、帰国後の同年七月、〝ルーマニア文化大革命〟を発動。秘密警察（セクリタテア）を動員した思想・文化の統制を強めていった。

一方、チャウシェスクの推進した経済政策は、極端に石油に依存する非効率なもので、重工業至上主義によって無計画に建てられた各種の大規模コンビナートを運営していくためには、国内産の原油だけでは足りず、輸入燃料にも頼らざるを得なくなった。この結果、一九七七年以降、ルーマニアは石油の輸入国に転落し、対外債務も雪だるま式に膨らんでいった。さらに、一九七〇年代末の農業の不作でルーマニア経済は深刻な状況に陥ったが、個人崇拝の魔力に魅せられたチャウシェスク政権は、一九八四年に黒海＝ドナウ運河が完成すると、北朝鮮にならった大規模な首都改造事業に乗り出し、国庫を濫費していった。

その一方で、チャウシェスク政権は一九八五年に電力非常事態宣言を発し、街灯を半減させ、テレビ放送は一日二時間に制限するという極端な〝節電〟を実行したほか、対外債務返済のための強引な〝飢餓輸出〟政策を遂行。国民生活は大きく圧迫され、国民は不満を鬱積させたが、チャウシェスク政権は秘密警察を動員し、一九八九年の政権崩壊まで政府への批判を強引に抑え込んでいた。

赤いドラゴンと白いドラゴン

ローマ軍によって西欧にもたらされたドラコは、古代ギリシャ語で大蛇を意味する〝ドラコーン〟と混淆しながら、属州ブリタンニアにも到達する。そして、西暦四〇九年、ローマ軍がブリテン島から撤退すると、ブリトン人（ローマの侵入以前からブリテン島のウェールズに定住していたケルト系の土着民族。近代英国民と区別するため、古代ブリトン人と呼ぶこともある）がこれを軍旗として使用し、ケルトの象徴になっていく（図4）。


一方、ローマ帝国がブリタニアを放棄すると、現在のデンマーク、北部ドイツ周辺にいたゲルマン人（アングル人、ジュート人、サクソン人）が、グレートブリテン島に渡ってきた。これが、現在のアングロ・サクソンの祖と言われる民族集団で、彼らのうちのサクソン人は先住民のブリトン人を激しく攻撃した。

有名なアーサー王伝説は、五世紀から六世紀にかけて、ブリトン人の王アーサーが侵略者のサクソン人を撃退した英雄譚として語り継がれてきた物語だが、アーサー王の直系の子孫を称するウェールズ人が残した『マビノギオン』（一三五〇年ごろに書かれた「ルゼルフの白本」および一三八二年から一四一〇年ごろに書かれた「ヘルゲストの赤本」の二冊の中世ウェールズ語写本から集められた物語集）には、アーサー王以前のウェールズの物語として、紅白のドラゴンが登場する。

ブリトンの王、スィッズは、毎年五月祭（五月一日、豊穣の女神マイアに供物が捧げられる祭り）の前夜になると、恐るべき唸り声が鳴り響く原因をつきとめようとして、弟でガリア（現在のフランス・ベルギー・スイスおよびオランダとドイツの一部にまたがる地域）の王でもあ

図４　ケルト十字とドラゴンの紋章が印刷された封筒

るスェヴェリスに相談する。

スェヴェリスは、ブリトンのドラゴンに他国のドラゴンが襲いかかろうとしていて、そのためにブリトンのドラゴンが雄叫びを上げているのだと告げ、二匹のドラゴンを封印するのがよかろうと進言。具体的な作戦として、ブリテン島の東西南北の中心地に穴を掘り、そこに蜂蜜酒を大量に注いだ桶を置き、その上に絹の布をかぶせてドラゴンを捕らえることになった。

兄弟が準備を整えて見張っていると、二匹のドラゴンが現れて激しく争ったが、やがて二匹は疲れ果て、彼らが仕掛けた桶の底に落ちていった。桶に落ちた二匹のドラゴンは蜂蜜酒の中でやがて酔いつぶれて熟睡したため、スィッズは二匹を絹布で包み、石でできた箱に閉じ込め、地中深くに封印した。

その後、スィッズ王が二匹のドラゴンを封印したことは多くの者には知られぬまま時が流れた。

五世紀のブリトン王、ヴォーティガン（ウルティゲルヌスとも）は、サクソン人傭兵の反乱によりウェールズ方面への退却を余儀なくされた。体勢を立て直すべく占い師たちに助言を求めると、彼らはある場所に堅固な塔を築くよう進言した。しかし、その場所はまさにスィッズとスェヴェリスが龍を封印した場所であって、塔を築こうとしても基礎が一夜にして地中に沈んでしまうことが続いた。

そこで王が占い師たちにふたたび助言を求めたところ、彼らは生まれつき父親のいない少年を探し出してその血を礎石のモルタルに振りかけるがよいと応えた。これを受けて、マーリン（メルリヌスとも）という名の少年が捕らえられ、生贄として王の前に連れて来られた。

事情を説明した王に対して、少年は占い師たちを呼ぶように求め、彼らの目の前で彼らの嘘を証明しようと言う。

はたして、占い師たちが招集されると、マーリンは「王様、土を掘り起こすよう工人たちに命じて下さい。そうすれば塔の基礎の地下に水たまりが見つかるでしょう。そのせいで基礎が沈んでしまうのです」と告げ、ヴォーティガンがその通りに塔の下を掘らせてみると、実際に水たまりが出てきた。そこで、マーリンは占い師たちに「嘘の上手なおべっか使いの方々、水たまりの下には何があるかご存じですか」と問いかけ、王には「池の水を抜き取るよう命じて下さい。すると水底には空洞になった石が二つあって、その中にドラゴンが眠っています」と説明した。

ヴォーティガンが水を抜かれた池のほとりに座していると、紅白のドラゴンが出現して戦いを始めた。一時は劣勢と見えた赤いドラゴンだったが、最終的には白いドラゴンを撃退した。

白いドラゴンが退散すると、マーリンはヴォーティガンに、赤いドラゴンがブリトン人で白いドラゴンはサクソン人だと説明し、「この争いは〝コーンウォールの猪〟が現れて白いドラゴンを踏みつぶすまで終わらない」と予言した。彼の予言は、後に、コーンウォールの猪ことアーサー王がサクソン人を破るという形で成就されることになる。

その後、ヴォーティガンは暴政を行ったため、大陸に逃れていた人々により反乱軍が結成され、討ち取られてしまう。また、ヴォーティガンの死後、ブリタニアを治めていたアンブロシウス・アウレリアヌスも殺され、戦乱の世が到来する。

そうした状況の中で、アウレリアヌスの弟ユーサーは、サクソン軍との戦う部隊を率いていたが、ある時、突然空に明るく輝く大きな星、燃える火のドラゴンのように見える星を見た。その星は光の尾を引き、その一つはガリアを指し、もう一つはアイリッシュ海を指していた。

ユーサーがマーリンを呼び、彗星の意味を問うたところ、マーリンは兄アウレリアヌスの死を告げ、悲しみにくれながらも、ブリトンの民がサクソンに勝たねばならぬこと、あの星の筋がユーサーのもとに生まれてくる息子が将来立派な王になることを意味していること、そして、その子孫がブリタニアを治めていくだろうということを語った。

図5　マーリンとアーサー王

やがて、ユーサーは兄の死を嘆きつつもサクソンに勝利し、新たなブリトンの王となった。そして、火のドラゴンの彗星を記念して二匹の黄金のドラゴンを作ったことから、〝ペンドラゴン〟（Pendragon：ウェールズ語／ブリトン語で〝ドラゴンの頭〟の意味）という称号で呼ばれるようになった。

このペンドラゴンの息子がアーサー王で、マーリンはアーサー王を支える側近の一人になる（図5）。

ウェールズ大公

アーサー王の伝説については、そのモデルになった人物が実在したにせよ、伝説の内容がそのまま歴史的事実と合致するわけではない。これに対して、アーサー王とほぼ同時代の実在の人物として、ウェールズの守護聖人になっているのが聖デイヴィッドである。

聖デイヴィッドの生年は定かではなく、四六二年説から五一五年説までかなりの幅があるが、没年については五八九年三月一日と伝えられている。

住民の大半が異教徒であったウェールズ、コーンウォール、ブルターニュで多くの修道院や教会を建立して布教に努め、質素で禁欲的な生活を送る傍ら、ウェールズの司教座を立ち上げ、エルサレムとローマへの巡礼も行ったという。

ブレヴィで教会会議を開催した際、数多くの聴衆が集まり、列の後ろの方にまで彼の声が届かなかったところ、鳩が現れて彼の肩にとまると地面が持ち上がり、その姿とともに声が遠くまで聞こえるようになったという伝説でも知られている（図6）。

彼の忌日とされる三月一日は、〝聖デイヴィッドの日〟としてウェールズの祝日となっている（図7）、当日は、ウェールズの国旗と聖デイヴィッドの旗を掲げ、人々はウェールズの国花であるリーキ（ポロネギ）また

上：図6　聖デイヴィッドのイメージは、ブレヴィでの故事にちなんで、鳩を肩に乗せた姿で描かれることが多い（2009年に英国で発行された切手）。
中：図7　2018年にウェールズ北西岸のアングルシー島で作られた〝聖デイヴィッドの日〟の記念ラベル。ウェールズの象徴である赤いドラゴンが大きく描かれている。
下：図8　リーキと赤いドラゴンを組み合わせた〝聖デイヴィッドの日〟のグリーティングカード

はラッパスイセンを胸や帽子に飾る習慣がある。ちなみに、リーキがウェールズのシンボルになっているのは、六世紀のサクソン人との戦いに際して、ウェールズ兵は敵と味方を見分けるためにリーキを帽子に着けていたのが由来とされる。

図8は、二十世紀初頭のウェールズで作られた聖デイヴィッドの日のグリーティングカードだが、赤いドラゴンを中心にリーキをクロスさせたデザインになっている。リーキには「ウェールズよ、永遠なれ」を意味する標語、〝Cymru am Byth〟が掲げられている。ちなみに、ドラゴンの頭上に配されているのは、ダチョウの羽根三本を組み合わせた〝スリー・フェザー・マークス〟(後述)である。

ただし、ウェールズの建国神話と深く結びついている赤いドラゴンだが、これを旗印として用いたのはプランタジネット朝のイングランド王、ヘンリー三世である。

ヘンリー三世は、一二〇七年、失地王と呼ばれたジョンの子として生まれ、一二一六年、父の死を受けて九歳で王位に就き、一二二七年から親政を開始した。

この間の一二一八年、ウェールズの支配者だったグウィネズ王大サウェリン(英語ではルウェリン)はヘンリー三世とウースター条約を結び、ウェールズの支配を認めさせた。さらに一二四〇年、大ルウェリンの後を継いだダフィズ・アプ・サウェリンは、一二四四年にヴァティカンにウェールズ大公(プリンス・オブ・ウェールズ)の称号を一時的に認めさせた。

この称号は、一二四六年にサウェリン・アプ・グリフィズが継承。当初、イングランドはこれを認めなかったが、一二六七年のモンゴメリー条約により、イングランド王がウェールズ諸侯を統括する者としてサウェリンにウェールズ大公の称号を認める代わりに、ウェールズはイングランド王国の宗主権を認めて貢納する義務を負わされた。これにより、グウィネズ王国は独立国としての地位を実質的に失った。

ところで、ヘンリー三世は聖職者によって育てられたこともあり、信仰心が篤く、カトリックの聖人にも列せられたエドワード懺悔王(在位一〇四二―六六)を深く敬愛していた。

エドワード懺悔王は、〝東の大聖堂(east-minster)〟

ことヤントポール大聖堂に対する〝西の大聖堂（west-minster）〟として、七世紀に建立された小さな教会の跡地にノルマン様式のセント・ピーター教会（通称ウェストミンスター寺院）を建設したが、ヘンリー三世は懺悔王の隣で永遠の眠りにつきたいと考え、一二四五年、フランスの建築家を招き、フランスのゴシック建築にならって教会の大改修を開始した。この大改修は、一二七二年にヘンリー三世が亡くなった後も続けられ、十四世紀末に完成。これにより、ウェストミンスター寺院はほぼ現在の姿になった。

ヘンリー三世はウェールズがイングランドの事実上の属国となったことを記念して、ウェールズの象徴である赤いドラゴンの旗をウェストミンスター寺院に寄進し、安置させた。

さて、ヘンリー三世が一二七二年に亡くなり、エドワード一世が後継のイングランド王になると、サウェリンは、ウェールズ大公としてグウィネズ公の伝統的な支配地域であったウェールズ北部のみならず、全ウェールズの統一を目指して領土の拡大を図ったため、イングランドとの対立が先鋭化した。

一二七五年、サウェリンはフランスに逃れていたシモン・ド・モンフォール（一二六四年のイングランドの貴族反乱を指導し、ヘンリー三世に議会開設を認めさせた人物）の娘、エリナとの結婚を決め、エリナらモンフォールの遺族をウェールズに迎え入れようとした。エドワード一世はこの婚約がイングランド王に無断で行われたことに怒り、フランスからウェールズに向かっていたエリナ一行の乗る船をイングランド沖で捕獲。エリナらの解放と引き換えにサウェリンに臣従を迫り、サウェリンがこれを受諾しなかったことを理由にウェールズに侵攻した。

この戦いには、サウェリンに反発していた南ウェールズの諸侯やサウェリンの弟のダヴィズ・アプ・グリフィズらも参加したため、サウェリンは屈服し、本領のグウィネズの一部以外を全て放棄させられた。そして、イングランドに完全に臣従することにより、ウェールズ大公を名乗り続けることを認められ、一二七八年になってエドワードの後見のもと、イングランド領内のウースターでようやくエリナと結婚したが、一二八二年、エリナは亡くなった。

サウェリンがイングランドに屈服したことで、ウェールズにはイングランドの法が適用されるようになり、イングランドの官吏たちが我が物顔にふるまったため、ウェールズ諸侯の不満は高まり、ダヴィズやウェールズ諸侯はサウェリンを担いでイングランドに対して反乱を起こしたが、準備不足のウェールズが勝てるはずもなく、サウェリンはイングランド軍の待ち伏せに遭って戦死。その首級はロンドンに運ばれてさらされ、指導者を失ったウェールズの反イングランド闘争も急速に鎮静化する（図9）。

図９　サウェリンは現在でもウェールズの英雄として人々の尊敬を集めており、しばしば、彼を描いたローカル・ラベルが制作され、郵便物にも貼られている。

さらに、サウェリンの弟、ダヴィズはウェールズの山岳地帯でウェールズ大公を名乗って抵抗を続けたが、翌一二八三年に捕縛・処刑された。最後に遺されたサウェリンの娘グウェンシアンはリンカンシャーの女子修道院に送られたが、彼女も一三三七年に亡くなり、ウェールズ大公家は断絶した。

ダヴィズの死後、エドワード一世はサウェリンが遺したウェールズ大公の黄金の冠をイングランドに持ち去ってウェストミンスター寺院に安置しただけでなく、ウェールズをイングランド王の所領とし、グウィネズ以下のウェールズ諸侯領を奪ってウェールズ大公の直轄領とした。

その過程で、一二八四年、エドワード一世は、身重の王妃エリナをグウィネズのカーナーヴォン城で出産させ、王子（後のエドワード二世）を〝ウェールズ生まれの支配者〟として認めさせた。ウェールズの諸侯には「彼はウェールズ生まれたばかりの王子を披露する際、エドワード一世は「彼はウェールズ生まれで英語を話さない」と説得し、息子にウェールズ大公の称号を与えてウェールズの名目上の君主とした。

その後、一三四三年にエドワード二世の孫、エド

図10　スリー・フェザー・マークス

ワード黒太子がウェールズ大公となると、ウェールズとは直接の関係がなかった彼は赤いドラゴンではなく、ダチョウの羽根三本を組み合わせた〝スリー・フェザー・マークス〟（図10）を自らの紋章とした。さらに、一三七六年、黒太子がイングランド王位を継ぐ前に亡くなり、ウェールズ大公位が長男で次期国王のリチャード二世に譲られると、〝プリンス・オブ・ウェールズ〟はウェールズそのものとは無関係に次期国王（王太子）の称号となる慣例が定着する。

ドラゴンとグレイハウンド

一四五五年から一四八五年にかけての薔薇戦争は、王位継承をめぐり、赤バラを紋章とするランカスター家と白バラを紋章とするヨーク家が争った戦いで、最終的に、ランカスター家の一族、リッチモンド伯爵ヘンリー・テューダーが、ヨーク家のリチャード三世を倒し、テューダー朝を開いてヘンリー七世（図11）として即位するとともに、ヨーク家のエリザベスと結婚することで両家の争いに終止符が打たれた。

図11　ヘンリー7世

ヘンリーの祖父オウエンは、イングランド王ヘンリー五世の未亡人でフランス王女であるキャサリン・オブ・ヴァロワの納戸係秘書を務める下級貴族だったが、古のウェールズ君主の血統に連なっていた。一四二四年以降、オウエンは身分を超えてキャサリンと恋愛関係になり、二人の間にエドマンド（ヘンリー六世の異父弟でヘンリー七世の父）が生まれると、フランス王家の縁者としてリッチモンド伯に封じられた。

一方、ヘンリー七世の彼の王位継承権は、彼の母親、マーガレット・ボーフォートがエドワード三世の血統に連なることを主たる根拠としていた。マーガレットの祖父、ジョン・ボーフォートは私生児であったため、従兄に当たるリチャード二世に嫡出子として認められたうえで王位継承権を放棄させられたが、一四八三年までにはヘンリー六世と息子の王太子エドワード・オブ・ウェストミンスター、さらに他のボーフォート家の成員が死に絶えていたため、ヘンリーがランカスター家一門では最年長になっていた。

薔薇戦争では、ウェールズも主要な戦場の一つになっていたが、ヘンリーはテューダー家がウェールズ君主の末裔であることを誇示することで、ウェールズに広まっていた「いつかウェールズを抑圧から解放する〝予言の子〟が現れる」との伝承を最大限に活用し、ウェールズ君主の赤いドラゴンの旗を聖ゲオルギウス十字の旗と共に掲げ、ウェールズからの援軍および軍の通行権を確保した。

図12　ヘンリー7世の紋章

図13　ランカスターのグレイハウンドとウェールズの赤いドラゴンを組み合わせた切手

こうした背景もあり、一四八五年に即位したヘンリー七世は自らの紋章（図12）に、ウェールズの赤いドラゴンとランカスター家のグレートハウンド（エドワード三世の王子で、リッチモンド伯のちランカスター公となったジョン・オブ・ゴーントが紋章として使用したことに由来）を組み合わせ（図13）、デュー

図 14　テューダー・ローズ

ダー・ローズ（図14。ランカスターとヨークの両家の融和を象徴する紅白の薔薇）を下部に配したデザインになっている。

その後、一五三六年の合同法により、ウェールズはイングランドに統合され、一五四二年にイングランドの法体系に完全に編入されたことで、ウェールズ公国は名目上も消滅した。

カーディフと赤いドラゴン

イングランドとウェールズの同化が進むにつれ、十八世紀にはウェールズのシンボルも赤いドラゴンではなくスリー・フェザー・マークスが一般的に用いられるようになっていた。

しかし、一八〇七年、緑と白の二層の背景に赤いドラゴンを描いたウェールズ国旗（図15・16）が採用されると、十九世紀を通じてウェールズ人のクラブなどではドラゴンをシンボルとして用いる例が増えてくる。

一九〇六年、ウェールズの首都、カーディフ市の紋章が変更され、それまで三本の山形（シェヴロン）と城砦を組み合わせた図案（図17）だったものが、スリー・フェザー・マークスとテューダー・ローズの下、赤いドラゴンを描くシールド（盾）をヤギとシーホース（英国の女神ブリタニアが大海原を駆ける際の馬車を牽引する馬）が捧げ持つデザイン（図18）に変更された。また、最下段の〝Y ddraig goch ddry cychwyn〟の文言は「赤いドラゴンが道を先導するであろう」という意味で、赤いドラゴンこそがカーディフとウェールズの象徴であることが強調されている。

カーディフに関する切手としては、一九五八年七月

図 15　ウェールズ国旗を取り上げたウェールズの地方切手。普通郵便だが優先的に配達される〝ファースト・クラス〟用の切手だが、英語の 1ST とウェールズ語の 1AF が併記されている。

図 17　1905 年までのカーディフ市の紋章

図 16　ウェールズ国旗の手描きイラストを大きく書いた 1910 年の絵葉書

図 18　1906 年、カーディフ市の新市章制定を記念して作られた絵葉書

図19　1958年の英連邦競技会の記念切手

に同地で開催された〝英連邦競技会（コモンウェルス・ゲーム）の記念切手に龍が大きく描かれている（図19）。

英連邦競技大会は、一九二八年のアムステルダム五輪に刺激を受けたカナダ人のメルヴィル・ロビンソンを中心に、大英帝国域内の国際親善を目的とする競技会として計画されたもので、一九三〇年、カナダのハミルトンで〝大英帝国競技大会〟として第一回大会が開催された。以後、第二次世界大戦中の中断を除き、四年一度、英連邦内の各国・地域持ち回りで開催されている。

大会の名称は、英連邦の変遷とともに変更されており、一九五四年には大英帝国ならびに英連邦競技大会（British Empire and Commonwealth Games）に、一九六六年には英連邦競技大会（British Commonwealth Games）となった。さらに、一九七八年以降、〝British〟を落とした〝Commonwealth Games〟に異称されて現在に至っているが、日本語で言及される場合には、無理に〝コモンウェルス・ゲームズ〟とはせず、英連邦競技大会のままということも多いようだ。

図19の切手の発行名目となった第六回大会は、一九

五八年七月十八日から二十六日までカーディフで開催され、三十五の国・地域数から一千百二十二人が参加して、九競技九十種目が行われた。ちなみに、カーディフでは一九四六年に大英帝国競技大会の開催が予定されていたが、第二次世界大戦のため開催できず、一九五八年の開催となったという事情がある。また、人種を基準とした代表選考・派遣を行ったことで、他の参加国から大きな批判を浴びた南アフリカは、このカーディフ大会を最後にアパルトヘイト撤廃後の一九九四年まで大会から締め出されていた。

ところで、一九五八年といえば、英国で〝地方切手〟の発行が始まった年でもある。

地方切手の企画は、もともと、第二次世界大戦後、ドイツによる占領から解放されたチャンネル諸島の復興を支援するため、同地の観光宣伝の一環として、一九四〇年代後半に提案された。しかし、その時点では実現せず、一九五八年になって、同諸島の他、マン島、スコットランド、ウェールズ、北アイルランドの各地で、エリザベス女王の肖像に各地の紋章やシンボルマークなどを入れた、その地域専用の切手として実現することになった。

図20　1958年に発行された最初のウェールズ地方切手

ウェールズに関しては、英連邦競技会の終了後まもない一九五八年八月十八日から、女王の肖像の下にドラゴンを描く切手（図20）の発行が開始され、現在まで、ドラゴンの入った切手の発行が続けられている（図21）。

図21　2022年に発行されたウェールズの地方切手。右側には日本のQRコードに似た〝バーコード〟がついており、アクセスすると動画視聴やメッセージ送信が可能になっている。

第8章　聖ゲオルギウスの龍退治

聖ゲオルギウスの物語

〝聖ゲオルギウスの龍退治〟は、キリスト教世界では誰もが知っている物語であるがゆえに、キリスト教文化圏では時代や地域によってさまざまなスタイルで表現されている（図1、2、3）。

本章では、その一端を関連する切手などとともに見ていこうと思うが、まずは、ゲオルギウスについての基本的な事象をおさえておこう。

伝承によれば、ゲオルギオスは三世紀後半、リュッダ（現在のイスラエル中央地区ロッド）でギリシャ系貴族のキリスト教徒の家庭に生まれた。父親はローマの軍人で、本人もニコメディアで軍人となった。

カッパドキアのセルビオス王の首府ラシア付近（ジェノヴァの大司教だったヤコブス・デ・ウォラギネが一二六〇年頃に編纂した『黄金伝説』では、龍退治の舞台はリビアのシレーネに設定されている）に、毒を吐き、人間を攻撃する巨大な悪龍がいた。人々は毎日二匹ずつの羊を生け贄にしていたが、いつしか羊は底をつき、人間を生け贄として差し出さざるを得なくなった。そして、王の娘もそのくじに当たってしまう。

図1　2021年にセルビアが発行した“聖ゲオルギウスの日”の切手

図2　18世紀のスロヴァキアのイコンに描かれた“聖ゲオルギウスの龍退治”

図3　2002年にハンガリーが発行した“切手の日”の切手シートに取り上げられたコヴァーチ・マルギットの作品“聖ゲオルギウスの龍退治”。2002年はコヴァーチの生誕100周年にして没後25周年。

王は、自分の持てる宝石を差し出すことで逃れようとしたが、龍は納得せず、とりあえず八日間の猶予を得た。

そこにゲオルギオスが通りかかった。彼は今までの経緯を聞き、王と娘の力になることを約束して出ていった。

ゲオルギオスは生贄の行列の先頭に立ち、龍に対峙した。龍は毒の息を吐いてゲオルギオスを殺そうとしたが、口に槍を刺されて倒れた。ゲオルギオスは姫の帯を借り、それを龍の首に付けて犬か馬のように村まで連れて帰った。

村人たちが騒然とする中、ゲオルギオスは宣言する。

「キリスト教徒への改宗を約束すれば、この龍を殺そう」

ゲオルギウスがドラゴンの首を斬り落した後、ドラゴンの遺体は四頭の牛車に乗せて街から運び出された。

こうして、異教の村はキリスト教の教えを受け入れたという。なお、『黄金伝説』では、改宗者の具体的な数として、シレーネの王を含む一万五千人との記述がある。

ドラゴンが死んだ場所には、後に神の祝福を受けた聖母マリアと聖ゲオルギオスの教会が建立され、その祭壇から泉がこんこんと湧き出て、その水はすべての病気を治癒したという。

後にゲオルギオスはキリスト教を嫌う異教徒の王に捕らえられ、鞭打ち・刃のついた車輪での磔、煮えたぎった鉛での釜茹でなどの拷問を受けるが、神の加護によって無事であった。

さらに、王は異教の神殿でゲオルギオスに棄教を迫るが、ゲオルギオスの祈りによって神殿は倒壊する。しかも、王妃までもがゲオルギオスの信念に打たれキリスト教に改宗しようとしたため、自尊心を傷つけられた王は怒りに駆られた。

王妃は夫であった王の命令によりゲオルギオスの目の前で見せしめとして惨殺されるが、死の間際「私は洗礼を受けておりません」と訴えた。ゲオルギオスが王妃の信仰の篤さを祝福し「妹よ、貴方が今流すその血が洗礼となるのです」と答えると、天国を約束された王妃は満足げに息を引き取ったと言う。

その後、ゲオルギオス本人も斬首され、殉教者となった。

ジョージアは〝ゲオルギウス〟の国か

聖ゲオルギウスの物語は、イアソンとメデイア、ペルセウスとアンドロメダ、ゼウスとテュポンなど、おそらくはキリスト教以前の神話や伝説がルーツであろう。そして、それらが混淆して拡散したものが、九－十世紀に〝アマシアの聖テオドロスの伝説〟と語られるようになったと考えられている。

テオドロスは、四世紀初めに異教の神への礼拝を拒んでその神殿に放火したため、拷問を受けて火刑に処せられた軍人で、古い時代には、テオドロスが龍を退治し、ゲオルギウスが迫害者を成敗する組み合わせで語られていた。そこにさまざまな騎士物語の要素が取り込まれて、十一世紀以降、現在のようなゲオルギウスが龍を退治する物語へと変化したものと考えられている。

日本ではかつてグルジアと呼ばれていたコーカサス（カフカース）の国、ジョージアの国名は、グルジア語の名称では〝サカルトヴェロ〟だが、対外的にはラテン語の〝Georgia（ゲオルギア）〟に相当する各国語を用いている。たとえば、ジョージア（英語）、ゲオルギエン（ドイツ語、スウェーデン語など）、ジェオルジ（フランス語）、ジョルジャ（イタリア語）、ヘオルヒア（スペイン語）、などといった具合である。

もともと、聖ゲオルギウスが生まれる以前の一世紀頃、黒海に近い大コーカサス山脈の北側には〝ゲオルギ人〟と呼ばれる人々が住んでいることがローマでは知られていた。ここでいうゲオルギは、ギリシャ語の〝農夫〟を意味する普通名詞で、おそらく、彼らの居住地〝ゲオルギア〟は単に〝農業国〟といった程度の意味だったようだ。つまり、ゲオルギアは聖ゲオルギウスにちなむ地名というより、聖ゲオルギウスの方がゲオルギに由来する名前ということになる（日本でいえば、俳優の〝寺田農〟のような感じだろうか）。

西暦一世紀の時点で、現在のジョージア国家の西部にはコルキア、東部にはイベリアという国があり、どちらもローマの属領だった。

また、パレスチナの地でキリスト教が創始されると、十二使徒のひとり、アンデレがコーカサス地方で宣教を行ったほか、熱心党のシモンがジョージア西部で宣教を行い、コマニ村のソフミの近くへ埋葬されたとの伝承がある。また、マティアスがジョージア南西部へ宣教してバトゥミの近郊のゴニオ村に埋葬されたとの伝承や、使徒バルトロマイとタダイがグルジアに来ていたとする文書も存在する。

ただし、実際にグルジアの地にキリスト教が広まるのは三世紀から四世紀にかけて、ローマの支配が揺らいだ時期にカッパドキア出身の聖女ニノが熱心に宣教し、その結果、東ジョージアで多くの信徒を得てからのことで、三一九年（おそくとも三三七年まで）にはイベリア王国がキリスト教を国教化した。キリスト教の国教化はアルメニアの三〇一年に次いで二番目のことである。

その後、六世紀頃からジョージアの地では聖ゲオルギウスに対する崇敬が広まり、聖女ニノと聖ゲオルギウスは親戚関係にあったとの俗説が流布するようになった。また、ジョージアではキリスト教以前の土着信仰で悪魔と戦う太陰神や太陽神の物語があり、それが聖ゲオルギウス伝説と融合したともいわれている。

一方、中世ペルシャ語では現在のジョージアに相当する地域は（語源は不明だが）〝グルジャーン〟または〝グルジュ〟と呼ばれていたが（現代ペルシャ語では〝ゴルジェスタン〟）、この名称がアラビア語などを経由して十字軍時代にヨーロッパへ紹介され、さらに十三世紀にはスラヴ語圏でも〝グルジュ〟に由来する呼称が見られるようになった。

一〇〇八年、バグラト王朝によりジョージアの地は統一され、いわゆるグルジア王国の時代になる。このは王朝の時代、一一二一年にジョージアはセルジューク朝の侵攻を受けるが、聖ゲオルギウスの加護により敗北を免れたとの民間伝承が信じられている。

十三世紀にはジョージアもモンゴルの侵攻を受けるが、この時は聖ゲオルギウスの加護はなく、グルジア王国は一時滅亡する。その後、十四世紀にはゲオルギ五世によってジョージアは独立を回復するものの、一三八六年にティムールの侵攻を受け、以後、ジョージアは分裂の時代に突入する。そして十六世紀以降は、西のオスマン朝と東のサファヴィー朝（ペルシャ）の角逐の場としてジョージアは事実上、東西に分断されたが、一八〇一年、ジョージアの地はロシア帝国に併合され、チフリス（現トビリシ）のカフカース総督府の管轄下に置かれた。

一九一七年のロシア二月革命後、カフカース総督府の権限は超党派のザカフカース特別委員会に引き継がれたが、委員会はボリシェヴィキによる十月革命には従わず、一九一七年十一月にザカフカース委員部を形成。同盟国側のオスマン帝国軍の侵攻を受けたため、一九一八年二月、独自の立法機関としてザカフカース議会を設置して対抗した。

これに対して、同年三月、ボリシェヴィキ政権は同盟国側とはブレスト＝リトフスク条約を結び、ザカフカース委員部に諮ることなく、カルス州とバトゥーム州を放棄したため、四月二十二日、ザカフカース議会はロシアからの分離とザカフカース民主連邦共和国の建国を宣言した。ただし、黒海に面した最大の貿易港、バトゥミは失地の回復を目指すオスマン帝国によって占領された。

同共和国はジョージア、アルメニア、アゼルバイジャンというそれぞれ言語・文化・宗教の異なる三国の寄り合い所帯で、トルコ人と敵対関係にあったアルメニア人がオスマン軍を撃退することを当面の急務と考えていたのに対して、ムスリムが多いアゼルバイジャンではオスマン帝国を支持する声が多く、ジョージアではオスマン帝国よりもドイツと交渉して利益を確保することを目指していた。

当然のことながら内部対立も深刻で、同共和国はすぐに空中分解し、一九一八年五月二十六日、ジョージアはジョージア民主共和国の建国を宣言して独立。さらに、翌二十七日にはアゼルバイジャン民主共和国が、さらに二十八日にはアルメニア共和国が相次いで建国された。

新たに発足したジョージア民主共和国は、グルジア語名では〝サカルトヴェロ〟を名乗ったが、対外的にはドイツをはじめ西欧キリスト教諸国の支援を期待して、聖ゲオルギウスにちなむ〝ジョージア〟を称することとし、白地に赤十字の〝聖ゲオルギウス十字〟をデザインした国旗（図4）を採用し、国章にも聖ゲオルギウスを描いていた。

この国章は独立翌年の一九一九年に発行されたジョージア最初の切手（図５）にも取り上げられたが、馬上で槍を持つ聖ゲオルギウスの姿のみで退治されるドラゴンは描かれていない。

図４　ジョージア国旗を取り上げた切手。中央の大セントジョージ・クロスを４つの小セントジョージ・クロスが囲むデザインになっている。

図５　ジョージア最初の切手

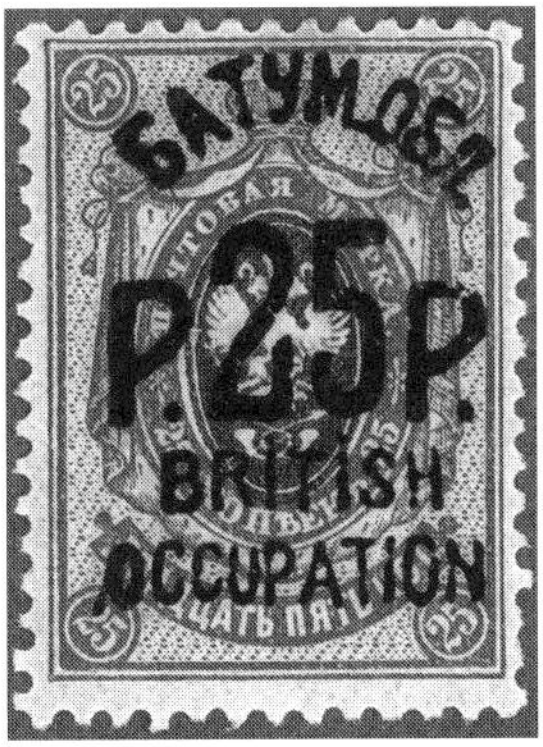

図６　英占領下のバトゥミで発行された切手

独立後のジョージアはドイツと協定を結び、ドイツ軍の進駐を受け入れたが、一九一八年十一月にドイツは降伏して第一次世界大戦は終結し、ドイツ軍も撤収してしまう。また、ドイツ降伏に先立つ十月三十日、オスマン帝国も協商側に降伏し、バトゥミから撤退すると、十二月には英国がバトゥミを占領（図６）する。バクー（アゼルバイジャンの首都）を含むカスピ海西岸は世界有数の油田地帯であり、黒海に面したバトゥミはヨーロッパ向けの石油の重要な積出港になっていたため、英国は権力の空白の隙をついて確保しようとしたのである。

さて、英国の主導の下、一九一九年一月、バトゥミでは、現地の親英勢力を糾合して傀儡政権のバトゥミ共和国が建国されたが、バトゥミ共和国政府には行政実務を担当するだけの準備も能力もなかったことから、同年四月、英国は再びバトゥミを直接占領下に置き、軍政を施行した。

一九二〇年四月、英国はバトゥミを自由港とすることを宣言し、国際連盟の下で英仏伊三国がバトゥミを共同管理することが決められたが、七月にはジョージア民主共和国がこの地を占領。英国はバトゥミから撤退を余儀なくされた。

ところで、ロシア内戦中、ジョージア政府はボリシェヴィキのロシアと対立して白軍を援助していたが、一九二〇年に入ると、隣接するアルメニアとアゼルバイジャンがソヴィエト化したため、ジョージアもロシア・ソヴィエト連邦社会主義共和国と平和条約を締結せざるを得なくなった。そして、一九二一年二月十一日、ロリでボリシェヴィキ派のジョージア共産党が武装蜂起し、オルジョニキーゼ率いる赤軍がジョージアに侵攻。二月二十五日、赤軍の支援の下、ジョージア革命会議が首都チフリスを支配下に置き、翌三月、ソヴィエト派によってグルジア社会主義ソヴィエト共和国が建国された。

その後、グルジア民主共和国政府はバトゥミに移ったものの、三月十七日に国軍が降伏。一九二二年末にソヴィエト社会主義共和国連邦（ソ連）が発足すると、バトゥミを含むグルジアは連邦を構成するザカフカース・ソヴィエト連邦社会主義共和国の一部となり（一九三六年にグルジア・ソヴィエト社会主義共和国として連邦構成共和国に昇格）、一九九一年に再独立を果たすまで、ソ連の支配下に置かれ続けることになる。

一九九一年の再独立後のジョージアでは、当初、一九一八ー二一年のジョージア民主共和国時代の国章がそのまま復活したが（図7）、二〇〇四年十月一日に改正され、聖ゲオルギウスは龍の口に槍を刺している現行のデザイン（図8）に変更されて現在に至っている。

図7　1993年に発行されたジョージアの国章切手。

図8　2019年にベラルーシが発行したジョージアとの国交25周年の記念切手には、両国の現行の国章が描かれている。

グランソンの柱頭装飾

十二世紀に建立されたスイス・グランソンの〝洗礼者聖ヨハネ教会〟の柱頭装飾には、ドラゴンを退治する聖ゲオルギウスのモチーフが使われている（図9）。

図9　1973年のスイス切手には、聖ヨハネ・バプティスト教会の柱頭を飾る聖ゲオルギウスの装飾が取り上げられている。

グランソンはヌシャーテル湖南西岸に面した都市で、一〇〇〇年頃、ジュラ山脈方面に勢力を拡大してきたグランソン家を領主として小規模な集落が形成されたのが始まりで、町のランドマークになっているグランソン城は一〇五〇年に建設された。

グランソン家は十二世紀に領内でベネディクト会の聖ヨハネ修道院の設立を支援し、修道院に洗礼者聖ヨハネ教会を寄進した。この教会はロマネスク様式の柱頭装飾があることで有名で、切手に取り上げられた聖ゲオルギウス像もそのひとつであった。

時は下って十五世紀、ブルゴーニュ公シャルル（突進公、豪胆公とも）は、北海から地中海までの独仏間に王国を築こうとして各地でフランス王と戦っていた（ブルゴーニュ戦争）。

その最中の一四七六年、シャルルの軍勢はグランソン城を包囲する。

前年の一四七五年、スイス盟約者団（ハプスブルク家に対して自治独立を維持するために同盟を結んだスイス各州の集合体。現在のスイス連邦の起源とされる）は、シャルルの同盟者、ジャコモ・ディ・サヴォイアからグランソンの支配権を奪っていた。

シャルルは大規模な傭兵部隊を率いてグランソン城に砲撃を加え、グランソンは落城の危機にさらされたため、スイスのベルン邦は守備隊を援護しようと船でグランソンに援軍を派遣したが、ブルゴーニュ軍の砲撃により城塞に接近できなかった。そこで、船上から援軍の到来を城塞の中の守備隊に知らせようとしたが、守備隊はその合図を見誤り、また、シャルルが捕虜の生命を保障したこともあって降伏してしまう。ところが、実際には一四七六年二月二十八日、シャルルは守備隊四百十二人全員を処刑した。

これに対して、スイス側の援軍二万人は、三月二日、コンシスの近郊で三手に分かれてシャルルの部隊に接近。シュヴィーツ、ベルン、ゾロトゥルンからの兵で編成されたスイス前衛部隊が戦闘開始を前にひざまずいて祈ったのを、ブルゴーニュ軍の一部は降伏の意思表示と見誤り、総攻撃を開始したが、森の中を密かに接近してきたスイス軍の本隊の反撃を受けて敗走した。

この戦いの後、グランソン城で同胞が木に吊るされたままになっているのを目の当たりにしたスイス兵は復讐のために結束を強め、一四七六年六月、ムルテンの戦いでブルゴーニュ軍を撃破する。

当時の軍事大国であったブルゴーニュを破ったことで、スイス兵の評価は高まり、スイス人傭兵がヨーロッパ全域の戦場で活躍するようになった。そして、それに伴いスイスの国際的な地位も向上する。

こうしたことから、グランソンの戦いとムルテンの戦いはスイス建国史における重要事件と位置づけられている。もちろん、グランソンの戦いに際してグランソンの洗礼者聖ヨハネ教会が特に重要な働きを果たしたわけではないし、グランソンの戦いの三百年ほど前につくられた聖ゲオルギウスの柱頭装飾がスイス兵に加護を与えたというわけでもない。

しかし、侵略者を撃退した輝かしい地名と、悪龍を退治した聖ゲオルギウスのイメージを同居させることによって、暗黙の裡に、永世中立国としてナチス・ドイツにも屈しなかったスイスの気概を見る者に想起させる効果がこの切手にはあるように思えてならない。

イングランドの守護聖人

一一八九―九二年の第三次十字軍に際して、獅子心王と呼ばれたプランタジネット朝のリチャード一世（図10）は、聖ゲオルギウスを自軍の守護聖人として祀り、加護を祈願した。聖ゲオルギウス（英語名はセントジョージ）とイングランドとの密接な関係はここから始まる。

図10　フランスの切手に取り上げられたリチャード１世。リチャード１世の時代、プランタジネット朝はイングランドからフランス西部にまたがる巨大な帝国だった。リチャード本人もほとんどフランスで育ち、英語も得意ではなく、フランス国王フィリップ２世との戦いに明け暮れてほとんどブリテン島にはいなかったため、フランス史の人物といっても違和感はない。

　はたして、リチャード一世は敵将のサラディンから〝キリスト教徒第一の騎士〟と称されたほどの活躍を見せたこともあり、リチャード一世の死後三十年を経た一二二二年、オクスフォードの教会会議で聖ゲオルギウスの命日とされる四月二十三日がイングランドの祝日となった。

　ところで、第三回十字軍を前にした一一八八年、イングランド王ヘンリー二世、フランス王フィリップ・オーギュスト及びフランドル伯フィリップは、それぞれが戦場で使用する十字旗の色について協議し、イングランドは赤地に白十字、フランスは白地に赤十字、フランドルは白地に緑十字の旗を使うことが決定された。

　したがって、リチャード一世が戦場で掲げていたのは、白地に赤十字の〝セントジョージ・クロス〟ではなかったわけだ。その後、経緯は不明だが、十三世紀になると、イングランドで十字旗の紅白が逆転し、一二四九年以降、セントジョージ・クロスの盾が、一二七七年以降、同じくセントジョージ・クロスの旗が使

図11　2003年に英領ジブラルタルが発行した“セントジョージ1700年記念”の切手シートには、セントジョージ・クロスの旗の切手と、セントジョージ・クロスの盾を持つ聖ゲオルギウスのステンドグラスを取り上げた切手が収められている。

われるようになった（図11）。

このため、一時的にイングランドとフランスがともにセントジョージ・クロスを使う時期が生じたが、一三七五年、フランスは赤地に白十字の〝旧イングランド王旗〟へと切り替えたことで、両者の十字旗の紅白は完全に逆転する。

十四世紀になると、アーサー王の円卓の騎士に強い憧れを持っていたエドワード三世は、一三四六年、クレシーの戦いに勝利してイングランドに凱旋した後、イングランドの守護聖人としての聖ゲオルギウスへの献身を精神的支柱とする騎士団の創設を考え、一三四八年八月六日にガーター騎士団を創設する。

ちなみに、クレシーの戦いというのは、一三四六年八月二十六日に英仏百年戦争の一環として、フランス北部港町カレーの南にあるクレシー＝アン＝ポンティユー近郊で、エドワード三世率いる少数のイングランド軍（約一万二千人）がフィリップ六世率いるフランス軍（約三―四万人）を撃破した戦闘のことである。

ガーター騎士団の創設については、

①エドワード三世が舞踏会でソールズベリー伯爵

夫人ジョアン（後のエドワード黒太子妃）とダンスを踊っていたとき、伯爵夫人の靴下止め（ガーター）が外れて落ち、周囲から嘲笑されたが、エドワード三世はそれを拾い上げ「悪意を抱く者に災いあれ（Honi soit qui mal y pense）」と言って、自分の左足に付けたのが由来とする説

②エドワード三世がフランス王を名乗ることを〝悪〟と主張する者に対してエドワード三世が「災いあれ」といったのが始まりとする説

③聖ゲオルギウスが龍から姫を助けたという伝説にちなみ、リチャード獅子心王が十字軍の時に戦場でガーターを付け、部下にもつけさせた故事からきたとする説

などがある。

いずれにせよ、ガーター騎士団が聖ゲオルギウスの龍退治を団のシンボルに採用したことで、十四世紀以降、〝イングランドの守護聖人〟としてのセントジョージが定着した。

図12　2008年5月7日、メドベージェフ大統領就任に際して発行された記念切手。ロシア国旗を背景に現在のロシアの国章が描かれており、双頭の鷲の胸に掲げられた“聖ゲオルギウスの龍退治”もはっきりと視認できる。

ロシア帝国の象徴

現在のロシアの国章（図12）は、一九一七年まで存在していたロマノフ王朝時代の国章を継承したもので、双頭の鷲の胸に聖ゲオルギウスの龍退治を描く盾が掲げられている。

現在のロシア・ウクライナ・ベラルーシにまたがるルーシ世界では、キーウ・ルーシのヤロスラフ一世

図 13　ヤロスラフ 1 世（ルーシ内戦でのヤロスラフ 1 世の勝利 1000 年を記念して、2019 年にウクライナが発行した切手）

図 14　モスクワのユーリー 1 世ドルゴルーキー騎馬像を取り上げたロシア切手

図 15　モスクワ市章を取り上げたロシア切手

（キーウ大公としての在位一〇一六—五四。図13）が聖ゲオルギウスを自らの守護聖人とし、その印章に用いていたが、孫のユーリー一世ドルゴルーキー（同在位一一四九—五〇、一一五五—五七。図14）も聖ゲオルギウスを自らの守護聖人としていた（そもそも〝ユーリー〟という名が、ゲオルギウスのロシア語読みである）。

ユーリー一世は一一四七年、現在のモスクワに相当する場所で会合を行い（これがモスクワに関する最古の記録とされる）、亡くなる前年の一一五六年にここに小規模な城砦を築いた。これが現在のモスクワの起源とされており、その始祖にちなんで聖ゲオルギウスはモスクワの守護聖人となった（図15）。

その後、一三九〇年にモスクワ公ヴァシーリー一世は槍を持つ騎手の紋章を用い、イヴァン三世（在位一四六二—一五〇五年）の時代に、そこに蛇もしくはドラゴンが加えられた。イヴァン三世は聖ゲオルギオスをモスクワおよびロシアの守護聖人とし、多くの人が紋章に描かれている騎手は聖ゲオルギウスであると理解したが、正式にそのことが確定されたのは一七三〇年の法令による。

一方双頭の鷲は、もともとは東洋と西洋の両方にかかる東ローマ帝国の国章だったが、イヴァン三世が東ローマ帝国王女のゾイ・パレオロギナと結婚した後、ロシアの国章として組み込まれ、モスクワの象徴である聖ゲオルギウス（の龍退治）との組み合わせが生まれた。

さらに一六二五年、ロマノフ朝の最初のツァーリであるミハイル・ロマノフは国章を変更し、大ロシア（＝ロシア）・小ロシア（＝ウクライナ）・白ロシア（＝ベラルーシ）の一体性を示すものとして（あるいは、カザン・アストラハン・シベリアの征服された王国を示すものとして）、双頭の鷲を三つの王冠で装飾するスタイルとなり、ロシア帝国の国章の基本的な要素が出そろった。

ロシア帝国の紋章は、ロシア帝国時代の切手には盛んに取り上げられているが、切手の小さな印面では胸の聖ゲオルギウスは視認しづらいケースも少なくない。そうした中で、一八六三年、ロシアがオスマン帝国内に設けていた郵便局で使用するために発行した最初の切手（図16）は大型なので、比較的わかりやすい。

一七二一年、ロシア帝国はサンクトペテルスブルグ＝イスタンブール間で外交文書を運んだ。これが、オスマン帝国の領内におけるロシアの郵便活動の最初で、一七七四年になるとイスタンブールの領事館で郵便物の定期的な取り扱いが始まった。以後、ロシア側は、いわゆるキャピチュレーション（オスマン帝国が域内在住の外国人に恩恵として与えた特権。代表的なものとしては、通商・居住の自由、領事裁判権、租税免除、身体・財産・企業の安全など）を利用して郵便局を設け、本国などとの通信や送金を取り扱うようになり、オスマン帝国各地に郵便網を拡充していった。

図16　ロシアの国章を大きく取り上げた在オスマン帝国ロシア局用の切手

一八二〇年頃からは郵便印の使用も開始され、一八五六年にはロシア通商航海会社（ROP·iT）による郵便サービスが始まり、オデーサ（現ウクライナ）経由でオスマン帝国内の同社のオフィスからロシア全土への郵便物の配達が可能となった。

一八六三年、オスマン帝国内のROPiTのオフィスはロシア国内の郵便局と同等の資格を与えられ、実質的なロシア局として機能するようになった。図16の切手はこれに伴って発行されたもので、ロシアの南下政策と東方進出を象徴する一枚といえるだろう。

カルパッチョとポルドーネ

薄切りにした生の牛ヒレ肉にチーズやソースなどの調味料をかけた料理〝カルパッチョ〟の由来となったヴェネツィアの画家、ヴィットーレ・カルパッチョの代表作のひとつ、『聖ゲオルギウスとドラゴン』は一五〇二年頃に制作された（図17）。

カルパッチョは、一四六五年頃、ヴェネツィアで生まれたと推定されている。

図17　1976年にイタリアが発行した“ヴィットーレ·カルパッチョ没後450年”の記念切手には、『聖ゲオルギウスとドラゴン』が取り上げられている。

当時ヴェネツィアでは有数の絵画工房の親方だったラッザロ・バスティアーニの下で修業を積み、一四九〇年もしくは一四九五年に制作した『聖ウルスラ』シリーズ九点の連作でカルパッチョは画家としての地位を確立した。『聖ゲオルギウスとドラゴン』以外の代表作としては、『処女マリアの死』（一五〇八年）、『若い騎士の肖像』（一五一〇年）、『アララット山の一万人の殉教者』（一五一五年）などがある。

『聖ゲオルギウスとドラゴン』は、ヴェネツィアのダルマチア（クロアチアのアドリア海沿岸部）系スラヴ人で構成されるサン・ジョルジョ・デッリ・スキアヴォーニ同信会館の依頼で制作された。

ペロポネソス半島のヴェネツィア領コローネの監督官だったパオロ・ヴァッラレッソは、オスマン帝国との戦いから逃れてヴェネツィアに撤退する際、聖ゲオルギウスのものとされる聖遺物を譲り受けてヴェネツィアに持ち帰り、同信会に寄贈した。これを受けて、同心会はパオロを顕彰するため、一五〇二年、カルパッチョに『黄金伝説』に基づく聖人伝の制作を依頼した。

依頼を受けたカルパッチョは、さっそく制作に取り掛かり、一五〇八年までに『聖ゲオルギウスとドラゴン』、『聖ゲオルギウスの勝利』、『シレーヌの人々の洗礼』、『聖ヒエロニムスとライオン』、『聖ヒエロニムスの葬儀』、『書斎の聖アウグスティヌス』、『ゲッセマネの祈り』、『聖トリフォンによって悪霊を追い払われる皇帝ゴルディアヌスの娘』、『聖マタイの召命』の九点の油彩画を制作した。

『聖ゲオルギウスとドラゴン』は横幅三メートルを超える細長い作品で、黒い鎧姿で栗毛の馬に騎乗し、槍を構えてドラゴンに突進する聖ゲオルギウスが描かれている。槍はドラゴンの口から後頭部を貫通しており、原画ではドラゴンは口から大量の血を流しているが、切手のドラゴンでは流血は確認できない。画面の右端では生贄として差し出される王女が祈りを捧げており、草木もまばらな荒れ地にはドラゴンの餌食となった人々の遺体や白骨が散乱し、背景にはシレーヌの都市と海が広がっている。

画面の左奥にはエアハルト・ロイヴィヒの版画からとられたコンスタンティノープルの聖ソフィア聖堂(現アヤソフィア・モスク)が、画面右奥の王女の背後にはアンコーナ(アドリア海に面したイタリアの都市)が描かれている。

一四五三年のコンスタンティノープル陥落後、勢いに乗ってバルカン半島を北上するオスマン帝国に対して、ローマ教皇ピウス二世は十字軍を計画し、一四六四年にはアンコーナまで赴いたが、同地で亡くなった。教皇の死により十字軍計画は頓挫し、また多くのダルマチア系スラヴ人がヴェネツィアや南イタリアに亡命した。そうした亡命スラヴ人とその子孫で構成された同信会の会員には、オスマン帝国を打倒し、コンスタンティノープルの奪還を待望する者も多く、カルパッチョはそうした彼らの思いを、ドラゴンを倒して異教徒を改宗させた聖ゲオルギウスと二つの都市の教会を描くことで救い上げようとしたのであった。

ルネサンス期にヴェネツィアで制作された「聖ゲオルギウスの龍退治」としては、このほか、二〇〇三年の〝聖ゲオルギウス殉教一七〇〇年〟に際してヴァティカンが発行した記念切手に取り上げられたパリス・ボルドーネの作品（図18）も紹介しておこう。

図18　パリス・ボルドーネの「聖ゲオルギウスの龍退治」を取り上げたヴァティカンの切手

パリス・ボルドーネは、一五〇〇年五月七日、ヴェネツィア共和国支配下のトレヴィーゾで生まれた。幼くして馬具職人の父を亡くしてヴェネツィアに移住し、一五一六年頃、ティツィアーノの工房に見習いとして入った。十八歳で独立したが、師のティツィアーノとは不仲で、ヴェネツィアで顧客を得るのに苦労したという。

切手に取り上げられた「聖ゲオルギウスの龍退治」は、一五二五年、ボルドーネ二十五歳の時の作品で、ノアーレのサン・フランチェスコ教区聖堂の主祭壇画として制作された。現在はヴァティカンの美術館、ピナコテーカの所蔵品である。

ボルドーネは、一五三四—三五年に聖マルコ同信会館の依頼で制作した『ドージェに聖マルコの指輪を献上する漁師』で画家としての名声を獲得。一五三八年にはフランス国王フランソワ一世に招かれてフォンテーヌブロー宮殿に赴き、一五四〇年にはアウクスブルクの裕福な貴族フッガー家に招待された。さらにミラノ、ポーランドやフランドル、スペインからも注文を得たが、一五五〇年代後半以降はヴェネツィアに戻り、故郷のトレヴィーゾの教会のために祭壇画を多数制作した。一五七一年、熱病のために死去。

ルーマニアの壁画修道院

現在のルーマニア国家は、一八六一年にワラキアとモルダヴィア（ルーマニア語では〝モルドヴァ〟だが、以下、日本語表記の慣例に従い、原則としてこう記す）の両公国が合同して成立したルーマニア公国（国際社会がルーマニア王国として独立を承認したのは一八七八年）に、第一次世界大戦後の一九一八年、トランシルヴァニアが加わってできあがったというのが基本的な成り立ちとなっている。

そのモルダヴィアの北部、カルパティア山脈とドニエストル川に挟まれた地帯一帯は、現在、ウクライナ領となっている地域も合わせてブコヴィナと呼ばれている。このうち、ルーマニア領の南ブコヴィナには外壁がフレスコ画で埋めつくされた〝五つの修道院〟があり、その中には〝モルダヴィアの聖堂郡〟として世界遺産に登録されているものもあって世界的な観光スポットとして人気が高い。

図19 “五つの修道院”のひとつ、ヴォロネツ修道院の壁画のうち、ロシュカの肖像部分を取り上げたルーマニア切手

中世のブコヴィナでは一般の農民や兵士たちは教会の建物内に入ることが許されず、また、彼らの多くは文字がほとんど読めなかった。これでは、偉大なるキリストの教えは彼らにはなかなか届かない。そこで、モルダヴィア公国の主都大主教だったグレゴリエ・ロシュカ（図19）は、教会の外壁に聖書の場面やキリスト教史の重要なエピソードなどを描けば、人々を教育するとともに信仰心に応えることができるのではないかと考え、一五四七年、対オスマン帝国戦争の英雄として知られるシュテファン大公（在位一四五七—一五〇四。図20）の息子、ペトル・ラレシュ（在位一五二七—三八お

図 21　モルドヴィツァ修道院の壁画のうち、聖ゲオルギウスの龍退治の場面を取り上げたルーマニア切手。

図 20　ヴォロネツ修道院の壁画に描かれたシュテファン大公（右から 2 番目の修道院を捧げ持つ人物）

図 22　実際のモルドヴィツァ修道院（聖ゲオルギウスは円形で囲んだ部分に描かれている）

よび四一―四六）に対して、ブコヴィナ地方の修道院の外壁にフレスコ画を描くよう進言。その結果、世界的にも珍しい壁画修道院が相次いで作られるようになった。

その五つの修道院のひとつ、モルドヴィツァ修道院の南面壁画の一部には、ドラゴンを退治する聖ゲオルギウスが描かれている（図21、22）。

現在のモルドヴィツァ修道院の場所には、もともと、一四一〇年にモルダヴィア公アレクサンドル一世（在位一四〇〇―三二）が物見の塔のある要塞を兼ねた石造りの教会を建立していた。これをもとに、一五三二年、ペトゥル・ラレシュが要塞としての防御機能を強化して建てたのが現在の修道院だ。

ペトゥル・ラレシュの時代、モルダヴィア公国はオスマン帝国に膝を屈し、その宗主権を認めて貢納を行う属国となった。その一方で、オスマン帝国はモルダヴィアに対して一定の自治権を与えていたため、ルーマニア人貴族の勢力は温存され、結果的に、公国は平和と繁栄を享受することになったともいう。

〝奴隷の平和〟を受け入れざるを得なかった時代環境の中で、〝トルコ人〟に対する複雑で鬱屈した眼差しを反映するかのように、ブコヴィナの壁画修道院では「（六二六年のペルシャによる）コンスタンティノープル攻防戦」が定番の画題となったが、それらのフレスコ画では、ペルシャ軍がオスマン帝国封の服装や装備で描かれた。モルドヴィツァ修道院は、この「コンスタンティノープル攻防戦」の戦闘場面が特に念入りに描かれていることでも有名で、その部分は一九六九年のルーマニア切手（図23）にもしっかりと取り上げられて

図23　コンスタンティノープル攻防戦の場面を描いたフレスコ画の切手（1969年）

いる。

聖ゲオルギウスのフレスコ画も同じく南の壁面に描かれており、やはり、ドラゴン退治にかこつけてオスマン帝国に対する敵意が表現されている。

ソヴリン金貨と英国切手

ところで、一八〇一年に連合王国法が成立し、イングランド、スコットランド、ウェールズ、アイルランドで構成される〝グレートブリテン及び北アイルランド連合王国（以下、英国）〟が正式に発足。さらに、一八一六年の貨幣法で金本位制が採用されると、翌一八一七年から新しい本位金としてソヴリン金貨の鋳造が始まった。ソヴリン金貨は、表面には国王の横顔を刻し、裏面には聖ゲオルギウスの龍退治を刻しており（図24）、そのパターンがその後も継承されたことで、市民の日常生活にも、これまでとは異なる次元で〝英国の象徴〟としてのセントジョージが浸透していくことになる。

一方、一八四〇年に発行された世界最初の切手〝ペ

図24　1817年のソヴリン金貨

ニーブラック"はヴィクトリア女王の肖像を取り上げていたが、金貨では国王と対をなしていた聖ゲオルギウスはなかなか切手には取り上げられず、一九二九年五月十日発行の〝万国郵便連合会議〟の記念切手（図25）でようやく切手に取り上げられた。原画を制作したのはハロルド・ネルソンで、ソヴリン金貨の聖ゲオルギウスがギリシャ風の兜をかぶっているのに対して、切手の方は中世風の甲冑姿である。なお、この凹版印刷は極めて精緻で、それゆえ、英国で最も美しい切手の一つとされている（図26）。

次いで、第二次世界大戦後の一九五一年五月三日、フェスティヴァル・オブ・ブリテンの記念事業の一環として新図案の高額普通切手の十シリング切手（図27）に、ソヴリン金貨とよく似たデザインの聖ゲオルギウスの龍退治が取り上げられた。

フェスティヴァル・オブ・ブリテンは、一九四七年、労働党内閣のハーバート・モリソンが一八五一年の万国博覧会一〇〇周年の祝賀行事として提案した。国際イベントではなく、戦後復興を国民に実感させるため、科学、技術、工業デザイン、建築、芸術の成果を広く示すのが目的で、一千二百万ポンドの予算が計上された。

主会場はロンドンのテムズ川サウスバンクで、ポプラー（建築―ランズベリー エステート）、バタシー（フェスティバル プレジャー ガーデンズ）、サウス・ケンジントン（科学）、グラスゴー（産業）の各地でテーマ別にイベントを開催し、その他関連イベントも多数開催されている。

第二次世界大戦後、ヨルダン（一九四六年）、インド・パキスタン（一九四七年）、セイロン、パレスチナ、ビルマ（一九四八年）の各国が英国から独立したものの、フェスティヴァル・オブ・ブリテンが開催された一九五一年の時点では、英国はいまだ多くの植民地を領有していた。

たとえば、ペルシャ湾岸のクウェートとバハレーンも当時は英領の保護領で、一九五一年の十シリング切手に地名などを加刷した切手が発行されている（図28、29）。

ここでご注目いただきたいのは、どちらの切手も、元の額面の十シリングを抹消して十ルピーに変更する加

図 25　聖ゲオルギウスの龍退治を大きく描いた“万国郵便連合会議”の記念切手

図 26　英国で最も美しい切手の 1 枚とされる“万国郵便連合会議”のデザインは、2010 年、ジョージ 5 世（万国郵便連合会議の記念切手が発行された当時の国王）の王位継承 100 年を記念して発行された切手シートの余白にも再現されている。

図 27　セントジョージの龍退治を描く 10 シリング切手

図 28　1951 年の 10 シリング切手に“KUWAIT（クウェート）”の地名と額面を 10 シリングから 10 ルピーに変更する加刷を施した切手

図 29　1951 年の 10 シリング切手に“BAHARAIN（バハレレーン）”の地名と額面を 10 シリングから 10 ルピーに変更する加刷を施した切手

刷が施されている点だ。

　ペルシャ湾岸の群小首長国の多くは、近代以前、小規模な漁業、真珠の採取くらいしか産業がなく、インド洋を往来する貿易船（その多くは英国船）を襲撃する海賊行為で糊口をしのいでいた。彼らが海賊行為に走る最大の原因が、彼らの貧困にあることに気づいた英国は、その抜本的な対策として湾岸地域の首長国を次々に保護国化し、彼らの軍事・外交権を接収する代償として、彼らが生活できるだけの年金を支払い、さらに、対岸のペルシャ（イラン）の軍事的な脅威から首長国を防衛することを約束した。

　こうして、英国がペルシャ湾岸を掌握すると、この地域では英領インドルピーが主要通貨として流通するようになる。

　一九四七年、英領インド帝国はインドとパキスタンに分離独立したが、これに伴い、独立後のインドの通貨であるインドルピーが旧英領インドルピーにとって代わることになった。

　もっとも、当時のインドルピーは英国のスターリング・ポンドに対して一ポンド＝一三・三分の一ルピーの固定相場で、スターリング・ポンドは米ドル金為替本位制を中心としたＩＭＦ体制の下で、米ドルとの固定為替相場制（一ポンド＝二ドル八十セント）を取っており、間接的に金本位制となっていた。この結果、インドルピーもスターリング・ポンドを介して、さらに間接的に金本位制とつながるという構造になっていた。

　したがって、クウェートとバハレーンの加刷切手は、〝大英帝国いまだ健在なり〟の時代を象徴するものだったとも言ってよい。

なお、米ドルとの交換を目的とした公定価格（金一オンス＝三十五ドル）は、市場での金取引の実勢価格に比べて割安に設定されていたため、金を買ってドルを売ることが盛んに行われていた。その際、インド一国にとどまらず、広い地域で使われているインドルピーが金の密貿易に盛んに利用されたため、インドの外貨準備高は減少の一途をたどっていく。

この結果、一九五九年五月、インド政府はインドルピーの国外での流通を停止。これを受けて湾岸地域で使用するための通貨として、新たにガルフルピー（インドルピーと連動した不換紙幣）が創設された。ガルフルピーはドバイやアブダビなどでは使用されたが、一九六一年にはクウェートがクウェート・ディナールを、一九六五年にはバーレーンがバーレーン・ディナールを導入し、ルピー経済圏を離脱することになる。

病魔との戦いのシンボル

聖ゲオルギウス伝説では、ドラゴンが死んだ場所には、後に神の祝福を受けた聖母マリアと聖ゲオルギオスの教会が建立され、その祭壇から泉がこんこんと湧き出て、その水はすべての病気を治癒したとされていることはすでに述べたが、この故事にちなんで、聖ゲオルギウスは病魔、特に、二十世紀前半まで〝死の病〟と恐れられてきた結核との戦いのシンボルとされることもある。

図30は一九二一年十月十六日にダンツィヒ自由都市で発行された〝結核予防週間〟の寄付金付き切手だが、結核との戦いの象徴として、ドラゴンを打倒する聖ゲ

図30　1921年にダンツィヒ自由都市で発行された結核予防週間の寄付金つき切手。1マルク20ペニヒの額面に対して、同額の寄付金を上乗せして販売された。

オルギウスが描かれている。

ダンツィヒ（現在はポーランド領グダンスク）はバルト海に面した港湾都市で、古くはスラヴ人が居住し、農耕生活を営んでいたが、十二世紀末にドイツ人の東方植民が進み、都市としてのダンツィヒが建設された。

一三〇八年、ダンツィヒはドイツ騎士団に征服され、一三六一年、ハンザ同盟に加入。以後、ハンザ商人の穀物取引の拠点となる。一四一〇年のタンネンベルクの戦いでポーランドがドイツ騎士団を破ると、ドイツ騎士団は後退して一四六六年にはポーランド領になる。その過程でダンツィヒには広範な自治権が認められるようになり、十六世紀以降、ハンザ同盟が衰退した後もダンツィヒはポーランド最大の貿易港として繁栄した。

一七九三年、第二次ポーランド分割によりダンツィヒはプロイセン領となり、一八七一年にドイツ帝国が成立するとドイツの重要な貿易港として繁栄した。

第一次世界大戦後、ポーランドが独立を回復すると、ポーランドは海への出口であるダンツィヒとバルト海に面する地帯も強く要求。そこで、一九一九年のヴェルサイユ条約では、ダンツィヒは国際連盟の保護下で独自憲法を制定すること、ポーランド関税領域に組み込むことなどが定められ、一九二〇年十一月十五日、〝自由都市ダンツィヒ〟の成立が宣言された。

この時、自由都市の範囲とされたのは、ポーランド回廊と東プロイセンに挟まれた地域で、ダンツィヒ（グダニスク）の都市部分とツォポット、ティーゲンホーフ、ノイタイヒなどの二百五十二の村と六十三の村落が含まれている。当時の人口の九割はドイツ系で、残りはカシューブ系（ポーランドの西スラブ系少数民族）、ポーランド系だった。

こうしてダンツィヒは事実上のポーランド領となったが、ドイツ側は失われたダンツィヒとポーランド回廊の回復の要求も根強く、ヴェルサイユ体制の打破を掲げるナチスは、一九三九年三月、ポーランドに対してダンツィヒの割譲とポーランド回廊の通行を要求。ポーランドがこれを拒否すると、同年九月一日、ポーランドに侵攻し、第二次世界大戦が勃発する。

ドイツのポーランド侵攻によりダンツィヒはドイツに編入されたが、第二次世界大戦後はポーランド領グダニスクとなり、現在に至っている。
ちなみに、ノーベル賞作家のギュンター・グラスは、一九二七年、自由都市時代のダンツィヒでドイツ人の父とカシューブ人の母の間に生まれた。代表作の『ブリキの太鼓』を含め、ダンツィヒを舞台にした作品も少なくない。

自由都市としてのダンツィヒは、一九二一年からドイツに占領される一九三九年まで、図30の切手を含め、独自の切手を発行していたが、その自由都市の郵政とは別に、上記のような事情から、ダンツィヒ港（グダニスク港）にはポーランドの郵便局が設けられており、独自の切手が発行されていた。ポーランド局の切手は、一九二五年一月五日、本国切手に〝PORT GDANSK（グダニスク港）〟の加刷を施して発行されたもの（図31）が最初で、以後、同様の加刷切手が中心だった。

ダンツィヒにおけるポーランド郵便局の局舎は、各地を転々とした後、一九三〇年、旧市街のヘフェリウス通りに局舎が完成。郵便業務だけではなく、この地におけるポーランドの情報活動の拠点としても用いられていた。こうしたこともあって、一九三九年九月一

図31　ダンツィヒのポーランド局用に発行された加刷切手

図32　1944年にスペインが発行した結核対策のための寄付金付き切手

日のドイツ軍侵攻時には激戦の舞台となり、現在は史跡として保存されている。

『ブリキの太鼓』では、主人公オスカル・マツェラーの母アグネスの従兄でオスカルの実父ではないかとされるヤン・ブロンスキーは、ダンツィヒのポーランド局に勤めていたという設定である。この点について、日本語の文献では、〝ポーランド人専用郵便局に勤める〟と説明されていることがしばしばあるが、他の地域の外国局が国籍のいかんにかかわらず、誰でも自由に利用できたのと同様、ダンツィヒのポーランド局も〝ポーランド人専用〟ではない。

図32もダンツィヒ同様、聖ゲオルギウスを結核対策のシンボルとして描いた寄付金付き切手で、一九四四年十二月二十二日、スペインで発行された。

聖ゲオルギオスは、スペイン語で〝聖ホルへ（サン・ホルへ）〟と呼ばれている。

レコンキスタ（イスラム勢力に対するカトリックの領土回復運動）が進められていた一〇九六年、アラゴン王国のペドロ一世は、アルコラスの戦いで聖ゲオルギオスの加護により勝利を収めたとされている。以後、聖ゲオルギオスはアラゴン王国の守護聖人とされ、アラゴン王国（現在のアラゴン州にあたる地域）およびアラゴンとの同君連合（アラゴン連合王国）を結んでいた地域（カタルーニャやバレンシアなど）では、聖ゲオルギオスは重要な聖人とみなされている。

なお、結核に限らず、広く病魔との戦いを表現した切手としては、一九六八年にポルトガルが発行した〝世界保健機構（ＷＨＯ）創立二十年〟の記念切手（図33）

図33　ポルトガルが発行した“世界保健機構（WHO）創立20年”の記念切手

がある。

ナチスとの戦い

第二次世界大戦中、聖ゲオルギウスのイメージはナチス・ドイツとの戦いのシンボルとして用いられることもあった。

たとえば、図34は切手ではなく、"AAGB（American Ambulance, Great Britain. 在英米国救急車協会、とでも訳せようか）"が一九四一年に制作した宣伝ラベルで、郵便料金前納の証紙としては無効だが、封緘シールなどとして郵便物に貼られることも少なくなかった。

ラベルには鍵十字をつけたドラゴン（ナチスの象徴）を打倒する聖ゲオルギウスが描かれており、その背後には、鍵十字の掲げられた柱に括りつけられた王女（ナチスに侵略された欧州諸国の象徴）が描かれている。

一九四〇年五月、ドイツ軍の戦車部隊がオランダ・ベルギー侵攻を開始し、英仏連合軍は海岸線に追い詰められた。チャーチルは英軍の本土への撤退を指令し、五月二十七日に撤退作戦を開始。六月四日までに連合

図34　英国への救急車・緊急車両献納資金を集めるため、AAGB が制作したラベル

軍兵士約三十三万八千人が、ドーヴァー海峡に面したベルギーの港、ダンケルクからの脱出に成功した。英軍は多くの武器を失ったが、本土防衛の戦力を温存できたと評価されている。

ＡＡＧＢは、このダンケルクの戦いを機に、一九四〇年、ロンドン在住の米国人たちが創立した人道団体（財団）で、ドイツと戦う英国に対して緊急車両と救急車を提供するのが主な活動目的だった。在英米国人のみならず米本国でも資金集めを行い、結成後六週間で十四万ポンド、一九四〇年末までに八十五万六千ドルを集め、一九四二年までに三百両の車両を提供するなどの実績を上げた。

図34のラベルのデザインは、アーサー・ジークが制作した。

ジークは、一八九四年六月三日、当時はロシア帝国領だったウッチ（現在はポーランド領）で生まれたユダヤ人で、パリのアカデミー・ジュリアンで学んだ後、一九一三年、クラクフ（当時はハプスブルク領）に移り、次いでパレスチナへの旅を計画したが、第一次世界大戦の勃発により果たせず、ロシア領への帰国を余儀なくされた。

第一次世界大戦後、一九一八―一九年のドイツ革命に取材した作品群で注目を浴び、ポーランド・ソヴィエト戦争に従軍した後、一九二一年にパリに移り、フランスとポーランドを往来しながら、聖書や民話などを題材にした作品を精力的に発表し、イラストレーターとして国際的にも高い評価を受けた。

ナチス・ドイツが勢力を拡大しつつあった一九三七年英国に移住し、一九三九年の第二次世界大戦勃発を経て、一九四〇年には米国に移住。米国では先述のラベルなど、枢軸陣営を揶揄する風刺画を多数制作して大衆的な人気を博したが、その印象があまりにも強かったためか、現在ではプロパガンダ絵画の制作者というイメージが定着してしまった。

第二次世界大戦後はシオニストによるイスラエル建国の熱烈な支持者としても活動。一九四八年に米国の市民権を獲得し、一九五一年九月十三日、コネチカット州で亡くなった。

一方、図35は、一九四六年五月六日、チェコスロヴァキアが発行した〝五月蜂起一周年〟の記念切手で、ナ

図35　チェコスロヴァキアが発行した“五月蜂起1周年”の記念切手

チス・ドイツに対する勝利の象徴として、聖ゲオルギウスの龍退治が取り上げられている。

　現在のチェコ共和国の外縁部にあたるズデーテン地方は、チェコ人の支配するボヘミア王国時代の東方植民以来、ドイツ系住民の多い地域になっていた。その後、ハプスブルク家の支配を経て、一九一八年、チェコスロヴァキアが独立を宣言すると、ズデーテン地方の帰属をめぐって、チェコスロヴァキア政府が同政府による実効支配の追認を求めたのに対して、ドイツ系住民がチェコスロヴァキアへの編入に強く反対。ヴェルサイユ講和会議では、米国が民族自決の観点からドイツへの編入を主張したのに対し、フランスは安全保障の観点からチェコスロヴァキアの強化を主張。最終的にフランスの主張通り、ハプスブルク帝国解体後の戦後処理を定めたサン・ジェルマン条約によって、ズデーテン地方はチェコスロヴァキア領となり、三百十万人のドイツ系住民はチェコスロヴァキアにおける〝最大の少数民族〟となった。

　これを不満とするズデーテン地方のドイツ系住民の一部は、ズデーテンの自治権を要求。さらに、隣国のドイツがナチス政権下で経済恐慌から脱して経済力を回復すると、コンラート・ヘンラインらのズデーテン・ドイツ人党は、「ズデーテンのみならず全ボヘミア・モラヴィア・シレジア地方のドイツへの編入」を目標に掲げ、ドイツの支援を要請した。

　これを受けて、ヒトラーも〝ズデーテン問題の解決〟を訴えるようになり、一九三八年三月の独墺合邦後、「ドイツとチェコの障害になっているのはドイツ人の民族自決権を認めようとしないチェコ側の態度である」、「事態をこのまま放置しておけばヨーロッパ中がチェコの頑迷の巻き添えを喰らうことになる」などとチェコスロヴァキアを恫喝し、欧州内では、ヒトラーが対チェコスロヴァキア宣戦を行うという観測が強まった。このため、一九三八年九月二十九―三十日にいわゆるミュンヘン会談が行われ、対独宥和政策を取る英国のネヴィル・チェンバレン首相、フランスのエドゥアール・ダラディエ首相がズデーテン地方のドイツ編入を容認。同年十月一日にはドイツによる軍政が施行された。

ミュンヘン会談を失地回復の好機ととらえたハンガリーは、スロヴァキアとカルパティア・ルテニアの〝返還〟をチェコスロヴァキアに要求。しかし、ドイツがズデーテン地方を獲得したのに対して、ハンガリーの要求は住民投票によるとされたため、ハンガリーは軍を動員して圧力をかけ、十一月二日、カルパティア・ルテニアとスロヴァキア南部の割譲を合意させた。

なお、ミュンヘン会談の前後、ヒトラーは「ズデーテンラントは我々の最後の領土的要求であり、チェコスロヴァキアの独立を侵害するつもりはない」と繰り返していたが、実際には、一九三九年三月、チェコスロヴァキア国家は解体され、ドイツはチェコ地域の主要部を併合して、ボヘミアとモラビアの主要部分にベーメン・メーレン保護領（ボヘミア・モラビアのドイツ語読み）を設置。ハンガリーはカルパト・ウクライナに侵攻し、同全土を占領、併合した。

一九三九年九月一日、ドイツ軍のポーランド侵攻により第二次世界大戦が勃発すると、翌一九四〇年、エドヴァルト・ベネシュを大統領とする亡命政府が結成され、連合諸国はこれを承認した。同時にベネシュは戦後はソ連との関係が重要になると判断して、一九四三年十二月に訪ソし、ソ連＝チェコスロヴァキア友好協力相互援助条約を締結した。

占領下のチェコスロヴァキアでも共産党系と亡命政府系が協力して対ドイツ抵抗闘争を戦い、亡命政府は一九四四年八月二十九日のスロヴァキア国民蜂起にも関与したがこれは失敗。一方、一九四四年にはソ連がスロヴァキアの大半とカルパティア・ルテニアを占領する。

ソ連軍がカルパティア・ルテニアにザカルパート・ウクライナを建国すると、亡命政府は、これは戦前の国境線に戻すという約束違反として激しく抗議したが、ソ連側はこれを一蹴。後にザカルパート・ウクライナはウクライナの一州ザカルパッチャ州としてソ連に併合された。

一九四五年四月四日、亡命政府はソ連軍の占領下にあったスロヴァキア東部のコシツェに移り、チェコスロヴァキア共産党とともに臨時政府を結成（コシツェ宣言）。

さらに、五月五日には図35の切手の主題となった〝五月蜂起（プラハ蜂起共）〟が発生し、五月十二日、ナチス・ドイツはプラハから駆逐された。

ベネシュは五月十六日にプラハの旧市庁舎で帰還演説を行い、亡命政府の帰国を宣言したが、その後、ソ連側は激しい圧迫を加え、一九四八年のチェコスロヴァキア政変を経て共産党が実権を掌握。チェコスロヴァキアはソ連の衛星国として社会主義国化され、人々はソビエト共産主義という新たなドラゴンとの戦いを余儀なくされる。

ボーイスカウトの守護聖人

キリスト教の信仰とは縁遠い人が多数派を占める日本社会では奇異に映るかもしれないが、聖ゲオルギウスはボーイスカウトの守護聖人でもある。

ボーイスカウトの起源は、アフリカ南部への進出を目指す英国と、在地のオランダ系入植者〝アフリカーナー（ボーア人）〟が戦った（第二次）ボーア戦争の時代に遡る。

ボーア戦争中の一八九九年十月十一日から翌一九〇〇年五月十七日にかけて、ケープタウンの北東一四〇〇キロほどの地点にある都市、マフィケング（英国側の呼称はマフェキング）で、英国人将兵と民間人約八百名がアフリカーナー八千人以上に包囲された。この籠城戦に際して、英国の守備隊長であったロバート・ベーデン・パウエルは、部下のエドワード・セシル少佐の下、九歳以上の少年を組織したマフェキング見習兵団を組織した。

少年たちは郵便の配達を含む伝令業務や見張り役などとして活躍。その甲斐もあって、一九〇〇年五月十六日深夜から十七日早朝にかけて、救援部隊がボーア軍の包囲を突破し、英国人を解放するまで、パウエルらは籠城戦を耐え抜くことができた。

この結果、パウエルは〝マフェキングの英雄〟としてイギリスの国民的な英雄となり、ボーア戦争中に彼がまとめた『斥候の手引き（*Aids to Scouting*）』は（本来は青年向けの兵法だったが）青少年の心身鍛錬のためのテキストとして注目を集めた。これを受けて、一九〇七年、パウエルは『少年のための斥候法（*Scouting for Boys*）』を発表。同書において提案された少年訓練組織がボーイスカウトの直接的な起源となり、翌一九〇八年のボーイスカウト本部設立につながった。

その後、

①神（特定の宗教の神を指すものではない）と国家に対する忠誠
②他者への奉仕
③心身の健全

を「三つの誓い」とするボーイスカウト運動は、早くも一九〇八年には米国に伝わり、全世界へと広がっていった。

図36　ギリシャが発行した同国の〝ボーイスカウト50周年〟の記念切手

ところで、パウエルはボーイスカウトの活動精神を中世の騎士道に求め、聖ゲオルギウスをスカウトの理想と考えたため、キリスト教国では聖ゲオルギウスがスカウトの守護聖人とみなされるようになった。この場合、ゲオルギウスが倒しているドラゴンはスカウトが直面する困難や障碍の象徴とされている。

一九六〇年四月二十三日（聖ゲオルギウスの祝日）にギリシャが発行した〝（ギリシャの）ボーイスカウト運動五十年〟の記念切手の一枚（図36）には、馬上からドラゴンを槍で刺すスカウトと、その影として聖ゲオルギウスを重ね合わせることで、スカウトが聖ゲオルギ

図37　ドイツが発行した同国のボーイスカウト50周年の記念切手

ウスの精神を継承していることが表現されている。

一方、翌一九六一年の四月二十三日に西ドイツで発行された〝(ドイツの)ボーイスカウト創設五十年〟の記念切手(図37)は、ストレートに聖ゲオルギウスの龍退治を図案としている。

ちなみに、ドイツのスカウト活動は、ナチス政権下では青少年をヒトラーユーゲントに動員する必要から活動停止に追い込まれていた。

第二次世界大戦後、敗戦国となったドイツは、オーデル川とその支流のナイセ川を結ぶオーデル＝ナイセ線以東の領土を失い、米英仏ソが分割占領した。占領区域は、オーデル＝ナイセ線以西を東西に二分したうえで、東半部をソ連が、西半部の北部をフランスが、中部を英国が、南部を米国が担当。首都ベルリンに関しては、東ベルリンはソ連、西ベルリンは米英仏の三国の統治下におかれ、西ベルリンはソ連占領地に囲まれた飛び地となる。

スカウト活動に関しては、米英仏の西側占領地区では、一九四五年以降復活が許されたものの、ソ連占領地区および一九四九年以降のドイツ民主共和国(東ドイツ)では、テールマン開拓団と自由ドイツ青年団に青少年を動員する必要から、一九九〇年の東西ドイツ統一まで活動禁止措置が続けられた。

こうして、ドイツのスカウトたちと、東西分断というドラゴンとの戦いが始まる。

一九四九年に東西ドイツが発足すると、東ベルリンはドイツ民主共和国(東ドイツ)の首都となったが、西ベルリンは地理的にドイツ連邦共和国(西ドイツ)と離れていたことから、形式上、〝ドイツ連邦共和国民が暮らす、米・英・仏三国の信託統治領〟とされた。ただし、当初東西ベルリン間の往来は一般の住民にも可能で、一九五〇年代には東に住んで西に出勤する者や、その逆のケースも少なくなかった。

しかし、東西の経済格差が拡大していく中で、大量の東ドイツ市民、特に高い技能を持った熟練労働者や知識人が、東ドイツに囲まれた西側の孤島、西ベルリン経由で西ドイツに脱出し、そのことが、東ドイツ経済を悪化させるという悪循環をもたらす。

一九五八年十一月二十七日、ソ連首相のフルシチョフは「西ベルリンを半年以内に非武装の自由都市にする」と西側に通告。これは、西ベルリンを東西ドイツのどちらにも属さず、どちらからも干渉を受けない地域にしたうえで、六ヵ月以内に東ドイツとの間に米英仏ソの四ヵ国と平和協定を結ぶというもので、協定が締結できなければ戦勝四国はベルリン問題に関して持っている契約及び権利を失う、ともされていた。

当然のことながら、ソ連の一方的な通告に対して西側は反発し、米ソの対立が激化。図37の切手が発行されてから二ヵ月後の一九六一年六月にウィーンで行われた米ソ首脳会談では、フルシチョフは、米国が東ドイツを国家承認し、平和条約を結ぶよう求めたが、ケネディはこれを拒否。そこでフルシチョフは、ソ連が単独で東ドイツと平和条約を結ぶことで、西ベルリンの占領統治は終わり、東ドイツに返還しなければならないと主張した。

緊張が高まる中で、六月十六日、東ドイツ国家評議会議長のヴァルター・ウルブリヒトは、ソ連との単独平和条約が結ばれ、西ベルリンへの通行管理権が東ドイツに引き渡されれば、航空機による難民輸送（それまで、西側諸国は、東ドイツから西ベルリンに脱出した難民を航空機で西ドイツに輸送していた）を停止できる、と発言。これを機に、西ベルリンに脱出する東ドイツ市民が激増したため、六月末から七月初にかけて、ウルブリヒトはソ連に対して東西ベルリンの境界線を封鎖するよう要求した。

こうした状況の下、ついに一九六一年八月十三日、ベルリンの壁が建設される。

これにより東ドイツから西ベルリンへの難民の流出は激減したが、壁の存在はそれ自体、東西間の経済・

生活格差を東側自らが認めたことを意味するものだった。

さらに十月二十二日、ベルリンの壁の唯一の境界検問所となったチェックポイント・チャーリーで、西ベルリン駐在の米国公使のアラン・ライトナー夫妻が占領軍ナンバープレートを付けた車で東ベルリンの劇場に向かおうとしたところ、東ドイツ側に止められ、パスポートの提示を求められる〝事件〟が発生。これに対して、米大統領顧問（西ベルリン担当）のルシアス・D・クレイ陸軍大将らが、「米国の決意のほどを見せつける」として、複数回にわたり、境界付近で外交官の車両を走らせるという〝実験〟を行ったため、十月二十七日、三十三台のソ連軍戦車がブランデンブルク門へ出動。これに対して米軍の戦車も出動し、実弾を積載した戦車がにらみ合う一触即発の事態となった。

この時は、フルシチョフとケネディが連絡を取り、ソ連側が先に戦車を引くという条件と引き換えに、以後ベルリン市内におけるソ連側の行動について大目に見るということで妥協が成立し（ソ連側はこれを外交上の勝利と受け止めた）、翌二十八日の午前十一時頃、両軍の戦車が撤退して武力衝突は回避されたが、以後、結果的に、ベルリンの壁の存在は両陣営の武力衝突を回避し、冷戦の状態を維持する役割を果たすことになる。

当時、東ドイツ側は「〝壁〟は西側からの軍事的な攻撃を防ぐためのもの」と主張していたが、実際には、東ドイツ国民が西ベルリンを経由して西ドイツへ流出するのを防ぐためのもので、西側へ脱出しようとして、逮捕ないしは射殺された人々も少なくない。

もっとも東ドイツ政府は、年金支給年齢の満六十五歳に達した国民に関しては、国外に脱出してくれれば国家として年金を支払う必要がなくなるため、無条件で西ドイツへの〝移民〟の申請を認めるというご都合主義をとっていた。

このように、東ドイツ国民を封じ込めていた〝壁〟だったが、一九八五年にソ連で始まったペレストロイカの波は東欧にも波及し、一九八九年五月、ハンガリー政府がオーストリアとの国境を開放すると、ハンガリー経由での亡命を企図して東ドイツ国民が大挙して国外に脱出。〝壁〟の存在が有名無実化したことに加え、東ドイツ国内でも民主化を求めるデモが活発化したこともあり、同年十一月九日、東ドイツ政府は議会の承認を経ずに済む〝旅行自由化の政令〟を公布。これにより、「東ドイツ国民はベルリンの壁を含めて、すべての国境通過点から出国が認められる」として、〝壁〟の存在意義は消滅した。

なお、この政令は当初、十一月十日に公表されるはずだったが、手違いで前日の九日に公表され、押し寄せた群衆を前に検問は廃止された。これがいわゆる〝ベルリンの壁崩壊〟とされる事件だが、物理的な壁の破壊が始まったのは、日付が変わった十日未明のことで、その後もしばらくは物理的な壁は残存していた。

その後、一九九〇年に東西ドイツの統一が実現すると、東ドイツ地域でもボーイスカウトの復活が認められ、第二次世界大戦後のドイツのスカウトたちが戦い続けた〝東西分断〟というドラゴンもようやく打倒されたのである。

あとがき

本書は、武蔵野大学の生涯学習講座で筆者が担当している「龍の文化史」（Ｗｅｂ配信）で筆者が話した内容が元になっている。

武蔵野大学は浄土真宗本願寺派により設立された大学で、筆者とは二〇一八年十二月十六日に「切手と仏教」と題して講演して以来のお付き合いだ。「切手と仏教」では、龍文切手の龍は仏法の守護者〝龍王〟のイメージを反映したものであることなどをお話しした。これを機縁に、筆者は同大学の生涯学習講座で、切手と歴史を題材にした講座を担当するようになった。そして、二〇二三年秋以降の新講座の企画についてご相談を受けたので、二〇二四年が辰年であることから、「切手と仏教」の内容を発展させ、世界各国の龍／ドラゴンの切手を紹介し、その図案の解析や、それぞれの切手が発行された背景などをお話しするのはどうかと提案したところ、ご快諾いただき、「龍の文化史」の講座がスタートした。

実は、以前から日本最初の切手の題材でもある龍／ドラゴンについて、いつかは本を作りたいと思っていたので、「龍の文化史」の収録開始後、その内容に加筆して書籍化したい旨、えにし書房の塚田敬幸社長に相談したところ、それなら、二〇二四年の辰年に合わせての刊行が良かろうという話になり、急遽、本書が世に出ることになった次第である。

「龍の文化史」および本書で取り上げる題材は、あくまでも筆者の興味関心を優先して題材を選んでいるので、時代的・地域的にかなり偏りが出ているが、本書で取り上げられなかった内容については別の機会にあらためてまとめてみたいと考えている。

なお、本書の制作に際しては、上記の塚田氏のほか、編集実務とカバーデザインに関しては、板垣由佳氏にお世話になった。末筆ながら、謝意を表して擱筆す。

令和癸卯年、大雪の晩に　著者しるす

主要参考文献

※紙幅の関係から、原則として、特に重要な引用・参照を行った日本語の書籍のみを挙げている。

荒川紘『龍の起源』（角川ソフィア文庫、2021年）
トニー・アラン著、上原ゆうこ訳『世界幻想動物百科 ヴィジュアル版』（原書房、2009年）
池上正治『龍と人の文化史百科』（原書房、2012年）
――『龍の世界』（講談社学術文庫、2023年）
伊藤亜人監修、川上新二訳『韓国文化シンボル事典』（平凡社、2006年）
インターナショナル・タイダンス・アカデミー「タイ舞踊の歴史」http://www.itdaschool.com/ramakien.htm
フランチェスコ・ヴァルカノーヴァ著、篠塚二三男訳『カルパッチョ イタリア・ルネサンスの巨匠たち 23 ヴェネツィアの画家』（東京書籍、1995年）
ジョナサン・エヴァンス著、浜名那奈訳『ドラゴン神話図鑑』（柊風舎、2009年）
小此木政夫編著『北朝鮮ハンドブック』（講談社、1997年）
グラント・オーデン著、堀越孝一監訳『西洋騎士道事典：人物・伝説・戦闘・武具・紋章（新版）』（原書房、2002年9月）
川端香男里・佐藤経明・中村喜和・和田春樹・塩川伸明・栖原学・沼野充義 監修『新版ロシアを知る事典』（平凡社、2004年）
バリー・カンリフ著、蔵持不三也訳『図説ケルト文化誌』（原書房、1998年）
北川誠一・前田弘毅・廣瀬陽子・吉村貴之 編著『コーカサスを知るための60章』（明石書店、2006年）
小松久男・宇山智彦・堀川徹・梅村坦・帯谷知司 編著『中央ユーラシアを知る事典』（平凡社、2005年）
笹間良彦『図説 龍とドラゴンの世界（遊子館歴史選書6）』（万来舎、2008年）
ドゥガルド・A・スティール編、こどもくらぶ訳『ドラゴン学――ドラゴンの秘密完全収録版』（今人舎、2005年）
嶋屋誠一『本木昌造伝』（朗文堂、2001年）
菅沼晃編『インド神話伝説辞典』（東京堂出版、1985年）
高橋輝和『聖人と竜：図説聖ゲオルギウス伝説とその起源』（八坂書房、2017年）
多木浩二『天皇の肖像』（岩波新書、1988年）
千葉晋一「手彫切手1871～1876」『Philatelic Journal 2011』Stampedia Project, 2011
中国書信館研究会「上海書信館大龍切手の研究（3）」「中国郵便史研究」第51号（1996年）
徳永清行・三木毅『新中国の金融機構』（有斐閣、1958年）
内藤陽介『北朝鮮事典：切手で読み解く朝鮮民主主義人民共和国』（竹内書店新社、2001年）
――『解説・戦後記念切手』（全8巻＋別冊1）（日本郵趣出版、2001-2009年）
――『外国切手に描かれた日本』（光文社新書、2004年）
――『皇室切手』（平凡社、2006年）
――『香港歴史漫郵記』（大修館書店、2007年）
――『タイ三都周遊記バンコク・アユタヤ・チェンマイ＋泰緬鉄道の旅（切手紀行シリーズ1）』（彩流社、2007年）
――『切手が伝える仏像――意匠と歴史（切手で知ろうシリーズ）』（彩流社、2009年）

――『トランシルヴァニア／モルダヴィア歴史紀行 ; ルーマニアの古都を歩く（切手紀行シリーズ 2）』（彩流社、2009年）
『年賀状の戦後史』（角川oneテーマ21新書、2011年）
――『英国郵便史ペニー・ブラック物語』（日本郵趣出版、2015年）
――『（シリーズ韓国現代史 1953-1965）日韓基本条約』（えにし書房、2020年）
――『切手でたどる郵便創業150年の歴史（全3巻）』（日本郵趣出版、2021-22年）
中内清文『海洋総合事典』https://www.oceandictionary.jp/index.html
西村貞雄「首里城正殿・大龍柱の「向き」についての考察」『琉球大学教育学部紀要 第一部・第二部』第42号（1993年）
日本タイ学会編『タイ事典』（めこん、2009年）
日本郵趣協会専門カタログ・ワーキンググループ『日本普通切手専門カタログ VOL.1 戦前編』（日本郵趣協会、2016年）
――『日本普通切手専門カタログ VOL.2 戦後ステーショナリー編』（日本郵趣協会、2017年）
――『日本普通切手専門カタログ VOL.3 郵便史・郵便印編』（日本郵趣協会、2018年）
ジョイス・ハーグリーヴス著、斎藤静代訳『ドラゴン : 神話の森の小さな歴史の物語』（創元社、2009年）
前島密『郵便創業談（復刻）』（日本郵趣出版、1979年）
松村一男・平藤喜久子・山田仁史 編著『神の文化史事典（新版）』（白水社 、2023年）
丸山顕徳・竹原威慈 編『世界の龍の話（世界民間文芸叢書別巻）』（三弥井書店、1998年）
水原明窗『中国切手論文選集 旧中国』（日本郵趣協会、1996年）
光森正士・岡田健『仏像彫刻の鑑賞基礎知識』（至文堂、1993年）
向山寛夫「劉銘傳台湾巡撫 : 清朝末期の異色の大官」『國學院法學』第32巻第2号（1994年）
森田優子『ヴィットーレ・カルパッチョ研究 :「スラヴ人会」連作を中心に』博士論文甲第13196号（東北大学、2010年、NAID 500000525826）
与那原恵『琉球切手を旅する - 米軍施政下沖縄の二十七年』（中央公論新社、2022年）
琉球大学開学30周年記念誌編集委員会 編『琉球大学30年』（琉球大学、1981年）
琉球びんがた事業協同組合「琉球びんがたの歴史」http://www.ryukyu-bingata.com/bingata/history/
フィリップ・ローソン著、レヌカー・M・永井文・白川厚子訳『東南アジアの美術』（めこん、2004年）

【著者紹介】 **内藤陽介**（ないとう ようすけ）

1967年東京都生まれ。東京大学文学部卒業。郵便学者。日本文芸家協会会員。切手等の郵便資料から国家や地域のあり方を読み解く「郵便学」を提唱し、研究著作活動を続けている。

主な著書に『北朝鮮事典』『中東の誕生』（いずれも、竹内書店新社）、『外国切手に描かれた日本』（光文社新書）、『切手と戦争』（新潮新書）、『反米の世界史』（講談社現代新書）、『事情のある国の切手ほど面白い』（メディアファクトリー新書）、『マリ近現代史』（彩流社）、『日本人に忘れられたガダルカナル島の近現代史』（扶桑社）、『みんな大好き陰謀論』『誰もが知りたいＱアノンの正体 みんな大好き陰謀論 II』『本当は恐ろしい！こわい切手　心霊から血塗られた歴史まで』（いずれも、ビジネス社）、『世界はいつでも不安定──国際ニュースの正しい読み方』『今日も世界は迷走中──国際問題のまともな読み方』（いずれも、ワニブックス）、『朝鮮戦争』『リオデジャネイロ歴史紀行』『パレスチナ現代史』『チェ・ゲバラとキューバ革命』『改訂増補版 アウシュヴィッツの手紙』『日韓基本条約──シリーズ韓国現代史 1953-1965』『アフガニスタン現代史』（いずれも、えにし書房）などがある。

文化放送「おはよう寺ちゃん 活動中」コメンテーターのほか、インターネット放送「チャンネルくらら」のレギュラー番組「内藤陽介の世界を読む」などを配信中。また、2022年より、オンライン・サロン「内藤総研」を開設、原則毎日配信のメルマガ、動画配信など、精力的に活動中。

Emishi Shobo

龍《りゅう》とドラゴンの文化史《ぶんかし》

世界《せかい》の切手《きって》と龍《りゅう》のはなし

2024年1月1日 初版第1刷発行

■著者　内藤陽介
■発行者　塚田敬幸

■発行所　えにし書房株式会社
〒102-0074 千代田区九段南 1-5-6 りそな九段ビル 5F
TEL 03-4520-6930　FAX 03-4520-6931
ウェブサイト　http://www.enishishobo.co.jp
E-mail　info@enishishobo.co.jp

■印刷／製本　株式会社 厚徳社
■ DTP ／装丁　板垣由佳

 ISBN978-4-86722-124-2 C0030